UNA ESCALA HUMANA

CARLOS MARÍN-BLÁZQUEZ

UNA ESCALA HUMANA

ediciones monóculo

© del prólogo: Higinio Marín
© del texto: Carlos Marín-Blázquez, 2024
© de esta edición: Ediciones Monóculo

Edición al cuidado de Julio Llorente

Maquetación: Pedro Coronado Jiménez
Ilustración de la portada: Belén Garrido

Impreso en Madrid (España)
ISBN: 978-84-126907-6-7
Depósito legal: M-8256-2024

Impresión a cargo de Estugraf

A mis padres: nada sin ellos.

ÍNDICE

PRÓLOGO

DE FÁBULA

Si siguiéramos la conocida costumbre vaticana de nombrar los documentos por sus primeras palabras, este espléndido libro de Carlos Marín-Blázquez se titularía «Hubo un tiempo…», y es que estos ensayos casi comienzan como las fábulas y los cuentos. Me parece una circunstancia feliz.

La fábula es depositaria de una verdad ajena a los acontecimientos que narra y que obviamente no necesita ni pretende que hayan ocurrido. Nadie espera que hubiera tres cerditos constructores. Lo que se fabula no es una verdad fáctica sino significativa, pero de la que en el fondo depende hasta la supuesta consistencia rocosa de lo fáctico. Sin el sentido que preservan y comunican las fábulas, hasta los hechos se vuelven dudosos en su realidad. El «relato» no es el todo como hoy se pretende, pero le da a la realidad la forma de un todo significativo, ya sea para sacar la verdad a la luz o para confundirla. En este sentido los ensayos comparten con los cuentos y las fábulas la transformación significativa que la realidad necesita para serlo reconociblemente.

Con palabras de Tolkien en una de sus cartas, «yo diría –si no lo juzgara algo presuntuoso en alguien tan ignorante como soy yo– que los cuentos tienen como objeto el desvelamiento de la verdad y avivar los grandes valores éticos en este mundo real mediante el viejo artificio de ejemplificarlos en situaciones extrañas para presentarlos como válidos en el mundo real». Así regresa el mundo a un estado en cierto modo anterior a la desaparición de los prodigios comunes de la existencia, haciéndolo reaparecer como un lugar lleno de sentido y habitable por la inteligencia y el corazón humano o, mejor, como una inmensidad a *(una) escala humana.*

Eso es, por ejemplo, lo que hace nuestro autor en el capítulo «Contarnos historias» o en el epílogo, cuando narra una historia real para extraer de ella una significación generalizable. Su título es «Una historia verdadera» y, en este caso, es visible que es verdadera de dos modos diversos pero convergentes: sucedió tal como se cuenta, y lo que se cuenta tiene sentido más allá de que realmente sucedió, hasta el punto de que se podría contar como una fábula, y nuestro autor casi lo hace.

Si convenimos en llamar a la primera «verdad histórica» y a la segunda «verdad esencial», podremos apreciar que si bien la referencia principal de los textos de Marín-Blázquez es un proceso histórico particular, la estatalización mercantilizada de la existencia, su abordaje es predominantemente esencial. Y, aunque más en oblicuo, también se podrá atisbar que buena parte de la crisis civilizatoria que describe cursa, precisamente, como la separación de un sentido y otro de lo verdadero sin capacidad de volver a unirlos, escindiéndolos irreconciliables como lo real y lo fabulado.

Sin embargo, no hay realidad sin lo fabuloso, y la fábula solo lo es implicando a la realidad. Entre la fábula y el más estricto realismo hay un vínculo que solo Chesterton se atrevió a señalar, aunque milenios después de que Aristóteles lo hubiera merodeado al inicio de su *Metafísica*: los amantes de los mitos y de la filosofía tienen en común el aprecio de los prodigios.

De ahí que el título de este breve prólogo aluda a esa condición fabulosa que tienen las cosas que han quedado o salido *de fábula*, es decir, tan cumplida y agraciadamente que parecen *de cuento*. Increíble es todo lo que no puede ser, pero también todo lo que es propiamente, es decir, todo aquello cuya realidad es más fabulosa de cuanto cabía esperar.

Por eso, las realidades particulares llevadas inopinadamente a su perfección rebosan tanto nuestras expectativas que experimentamos como *increíble* su palmaria e innegable realidad. La realidad coincidiendo consigo misma –es decir, lo realmente real– produce en nosotros el efecto de lo irreal. Nada más exacto ante la realidad en estado de gracia que la incredulidad del que no puede creer lo que ve: un paisaje, un rostro, un baile, un argumento, un acorde, un verso, una bolea.

Pues bien, respecto del conjunto de la realidad y su plenitud estamos inevitablemente emplazados a tomar posición. Y básicamente son dos las alternativas: o bien tomar esa plenitud de lo real por increíble sin más (*mero cuento*), o bien acogerla como lo increíble que la realidad es cuando comparece como debiera (*de cuento*). En este último caso la esperanza surgirá como un deseo inevitable y, tal vez, un paso más allá, tome cuerpo la convicción en la realidad de lo increíble.

Carlos Marín-Blázquez es de esta segunda legión de hombres que creen que la sustancia de la vida y del mundo contiene prodigios tan reales como increíbles. Por eso su encomio de esos sagrarios ordinarios pero luminosos donde la vida cobra sentido: la conversación amistosa, el silencio en compañía, la permanencia en lo significativo, la confianza por principio, la perseverancia fiable en los deberes, el rostro durmiente del hijo, la guarda en el corazón del tiempo vivido, el arraigo perdurable en las personas, la novedad como hija solícita de lo viejo, el aprecio reformista de las instituciones, la custodia atenta de todo lo valioso. Y de ahí también su acerado celo crítico al percibir y padecer el ruinoso final que le sobreviene entre nosotros a todo lo que requiere el gesto pródigo de la atención.

Así que el aprecio por la profundidad luminosa de la realidad común y la crítica afilada de la actualidad se dan la mano en estas páginas. El duelo entre lo mejor y la abundancia de lo peor crea la atmósfera de sus reflexiones. La conciencia crepuscular no puede eludir el contraste que define al momento entre el día y la noche, entre la vigencia y la extinción de una civilización que son el signo de nuestro tiempo.

Ciertamente, esa conciencia de las postrimerías de un modo de concebir la realidad resulta lacerante ante la «papilla ideológica» dispensada a granel por los medios, el sistema educativo y los discursos políticamente correctos. La nueva ortodoxia prescriptora de pareceres y sentimientos sería más tolerable si se propusiera como ideológica y no exhibiera su triunfo proponiéndose como el nuevo sentido común fuera del cual solo cabe el delirio. Pero la nueva ortodoxia convierte todas las formas de comunicación y discusión en manufacturas para una opinión pública dócil, ya sea en conversaciones comunes o en discusiones académicas.

Los partidarios políticos, culturales y académicos de esta «nueva civilización» se gustan exitosos mediante la indiferencia con la que soslayan la naturaleza despótica del nuevo sentido común, y el altivo desdén con el que justifican la marginación de la disidencia. Así que la conciencia crepuscular es también la de una indiscutible derrota cultural, consciente de que la inacción y la incuria han resultado fatales.

Pero toda ortodoxia convertida en sentido común abre el espacio para una nueva insolencia (del latín *solere*, «contra la costumbre») como desaire a los criterios públicos de corrección. Así que a los amantes de las tradiciones les ha sido regalado por los aburguesados batallones del progreso la no despreciable condición de insolentes y profanadores de las convenciones juiciosas. Nunca, ni siquiera en tiempos de la revolución, la defensa de lo sagrado había resultado tan irreverente con el pensamiento dominante, ni la defensa de las costumbres tan impertinente, ni la sencillez tan deconstructora, ni la verdad tan inoportuna. La conciencia crepuscular es por sí sola una afrenta para la idolatría futurista que lo fía todo a los desarrollos científico-técnicos y al estatalismo mercantil.

Pero, antes de explorar esa conciencia crepuscular, conviene anotar que esta obra no es propiamente hablando una compilación, al menos no meramente, sino una *suma* en la que el conjunto aumenta el valor de cada texto o grupo de ellos por separado. Se comprenderá lo que digo si, como merece, el libro se lee al menos dos veces, pues se notará que cada uno de los textos resulta ponderado y enriquecido con las visiones que surgen del conjunto.

Así repararemos en que los recuerdos de la infancia y «los paisajes perdidos que llevamos dentro» han desaparecido por razones más aciagas que el paso del tiempo, o que la maestría intelectual de Gómez Dávila ensambla la balsa de náufrago donde «todavía queda algo por poner a salvo». Nada es meramente íntimo en estos ensayos porque la sustancia de la intimidad se ha hecho conciencia histórica en ellos.

Para hacer justicia al texto es necesario someter el fotograma de cada ensayo particular al movimiento secuenciado de los demás y percibir, como en los praxinoscopios, el sentido del movimiento argumental. En particular, es necesario advertir el constante contrapunto que pone una cierta esperanza –contra toda esperanza–, y, quizás más idiosincráticamente, la confesión de que no cabría hacer nada distinto, incluso aunque el desastre fuera como parece irreversible.

Durante años de soledad Marín-Blázquez ha ido metabolizando las visiones sobre la naturaleza crepuscular de nuestro tiempo. Esa es, según Hegel, la labor de todo pensamiento: elevar el propio tiempo a categoría de concepto. Pero aquí esa elevación es también una interiorización no ajena al padecimiento ante «el penúltimo estadio de la autodisolución» de nuestras formas de vivir y de comprender la vida.

Así que no pocos de los textos de esta suma son habilidosas prospecciones del *desastre*, sobre todo en su sentido latino de movimiento en contra de un astro. De hecho, las constelaciones culturales, económicas y políticas son casi tan invariables en su trayectoria como las estelares.

Se puede adivinar el rumbo que seguirán casi inexorablemente, pero su carácter trágico surge de que sabemos que su rumbo es histórico, es decir, surge de una suma de libertades conscientes o adocenadas.

Sin embargo, en y mediante el padecimiento de esa naturaleza trágica y crepuscular sentida como un naufragio, surge en los textos de nuestro autor una determinación de resistencia que es típica y paradójicamente moderna. Típica porque solo una conciencia moderna puede concebir la obligación de resistirse al curso epocal de una rampante decrepitud, y paradójica porque esa modernidad se acusa a sí misma como causa de la degradación. Esa es la morfología interna de un conservador como Marín-Blázquez que dirige la mirada crítica alumbrada por la modernidad a ella misma, y desde su origen.

De ahí esa sensación de inadaptación con la que se siente la dificultad y la urgencia de otra forma de modernidad capaz de superar la oposición cainita –revolucionaria– que la trajo al mundo. La urgencia es el ritmo del tiempo en cualquier postrimería. La dificultad es la del náufrago reducido a la esperanza de mantener a flote su balsa o, como lo llama nuestro autor, su jardín.

Un jardín que se abre como espacio al mismo tiempo que tomamos conciencia de la indecible fragilidad de todo, también y particularmente de lo más amado. Entonces se hace apremiante «delimitar un perímetro» mediante el cuidado, cuyo celo extiende el amparo del don de la vida y de todo lo valioso. Por eso, el jardín no es tanto un baluarte como el espacio donde lograr esa escala humana capaz de hacer justicia a los acontecimientos de la vida, y relativizar el huero gigantismo del Estado, la globalización relativista y la cultura de la saturación.

En los jardines se hace obvio que no hay épica sin lírica, ni nada por lo que merezca la pena luchar sin algo capaz de hacernos romper a cantar. Esos espacios ajardinados comunes solían ocupar los centros de las pequeñas localidades españolas, y frecuentemente eran llamados *glorietas*. Allí el espacio público se hacía hogareño, aportando el clima benigno del sentido de la vida en común —el sentido común— para el arraigo.

Tal vez ya no sean posibles esas sociedades locales sin que resulten tematizadas por los nacionalismos o los tradicionalismos. Pero sigue siendo posible componer nuevos vecindarios con sus glorietas frecuentadas por lectores y autores que comparten un cierto sentido común. Tal vez sean «comunidades de solitarios», pero permanecer en lo perdurable de una civilización requiere recrearla en formas nuevas —balsas— que permitan sobrevivir al naufragio.

Como fruto de esa «resistencia creativa», cada uno de estos ensayos por separado y en su conjunto componen una *glorieta* ajardinada por Carlos Marín-Blázquez con aromas de la infancia, el hallazgo del maestro, la soledad de un padre ante el sueño del hijo, o las ideas y visiones sobre el mundo que desparece y el que sobreviene. Esas glorietas servirán también de fragmentos de una memoria más esencial que fáctica de que «hubo un tiempo...».

Los lectores apreciarán agradecidos su travesía por estas páginas.

Higinio Marín

I

REFLEXIÓN

1

UNA ESCALA HUMANA

Hubo un tiempo en que el mundo se elevaba frente a la mirada del hombre investido de unos contornos más suaves. Si bien es cierto que las condiciones materiales de la existencia podían alcanzar extremos de una crudeza feroz, no lo es menos que las formas de la vida social poseían, en la mayor parte de las circunstancias, un decoro acendrado y unos perfiles nítidos y amables. Los avatares de la vida, las estrecheces cotidianas a que abocaba la pobreza, el miedo a la enfermedad y al dolor, la amenaza constante de la muerte, todo eso constituía la inevitable piedra de toque donde el hombre antiguo se sabía destinado a templar su carácter. En la medida en que los testimonios legados por la literatura y el arte compongan un cuadro fidedigno, hemos de dar crédito a la realidad de un tiempo en el que la gravedad de los desastres que periódicamente se cernían sobre poblaciones enteras no llegaba a comprometer su continuidad, ni a poner en entredicho el nervio vital que las animaba.

Las vidas –breves o largas, bendecidas por la abundancia y la salud o castigadas más frecuentemente por la menesterosidad y toda suerte de aflicciones– se asentaban de ordinario sobre un suelo de certezas estables. La relativa inmutabilidad de los valores era el correlato necesario al sentimiento que impulsa a trabajar la tierra y hace que de la comunidad de los hombres brote el deseo de hermanamiento y la consecuente alegría de vivir. Cada cual reconocía como propio el lugar que ocupaba. El oprobio de las desigualdades sociales era mitigado por la expectativa del consolador abrazo del amor de Dios, ante cuyo tribunal todas las almas deberán comparecer un día en una desnudez que habrá de igualarlas. Entretanto, el transcurso del tiempo se sujetaba a la sucesión de esos rituales que, en el mundo católico, revisten la forma de los sacramentos. «Eran ceremonias de proximidad, de comunidad y trato mutuo», escribe Fernando Muñoz en un artículo espléndido. «Las mismas ceremonias –añade– que destruye la actual victoria de la distancia».

Los acontecimientos se sucedían al hilo de una cadencia demorada. Si algún suceso imprimía en la vida comunitaria un imprevisto timbre de novedad, reposaba en la conciencia de las gentes el tiempo necesario para alcanzar su maduración y, una vez decantado su sentido, pasaba éste a transformarse en una propiedad de las almas. Nadie había oído hablar del progreso. Se vivía para perseverar, no para cambiar. Una perspectiva de varios siglos no acarreaba modificación alguna en la psicología de un tipo humano cuya razón última de su paso por la tierra –dejando a un lado la cuestión primordial de la salvación de su alma– estribaba en transmitir a sus hijos el mismo fervor por las costumbres, lealtades y creencias que sus antepasados se habían esforzado en depositar sobre él.

Aunque sometida a tensiones, la estructura que sostenía este universo de relaciones se mantuvo, durante un largo periodo de la historia, intacta. Las grandes cuestiones se afrontaban desde la convicción unánime de que el bien representa una esfera accesible para la voluntad que se empeña en alcanzarlo. No se trata en estas líneas, sin embargo, de dibujar un espacio bucólico, un tiempo carente de conflictos y disensiones. Por desgracia, en la naturaleza humana hunden hasta lo más profundo sus raíces un cúmulo de inmundicias lo bastante profusas como para que evitemos incurrir en ninguna ingenuidad. Cabe, pese a ello, conjeturar esa época como un tiempo en el que, si bien las pasiones más turbias no habían sido purgadas, al menos se hallaban hasta cierto punto reprimidas por la vigencia de un orden en el que, por regla general, las nociones de bien y mal permanecían aún estrictamente delimitadas. Una época en la que la existencia de un espíritu común, de una cosmovisión fuerte y unitaria, no anulaba sin embargo la posibilidad de que, contra el hipotético determinismo de la historia, el genio individual surgiera y se expresara.

Ahora esa unidad se ha perdido. El nuestro es un tiempo quebrado por la discordia. Los mitos y creencias que evocaban una pertenencia compartida han sido sepultados bajo el imperio de la banalidad consumista y la barbarie de las ideologías. Nos acucia un malestar impotente. Inmersos como nos vemos en procesos cuyos flujos distamos mucho de controlar, sentimos que una corriente imparable nos arrastra. La impresión, en mitad de este vértigo, en medio de las demenciales aceleraciones a que nos somete el curso de la actualidad, es de que ya no existe un suelo bajo nuestros pies.

Y, con todo, seguimos necesitando ese suelo. En los contados instantes en que logramos distanciarnos de los apremios de lo inmediato, buscamos acomodar nuestra existencia a una escala más humana. Porque sospechamos que esa escala existe, y que alguna vez tuvimos noticia de ella. En otra época de nuestras vidas, quizá, cuando, de manera espontánea, nos poseía la certeza de que había un cierto orden en el mundo; o también en esos otros momentos de nuestro presente en que, por un azar de las cosas, de impoviso nos colma la dicha de intuir que todos los fragmentos encajan, los vínculos se recomponen y los hechos fluyen con una naturalidad y una armonía que suponen un desmentido íntegro a la proverbial aspereza del mundo.

Son destellos de una plenitud que se esfuma, pálidas insinuaciones de una fe a punto de desvanecerse. Pero son también –sospecho– el modo en que se nos hace llegar el aliento necesario para que podamos seguir habitando la Tierra.

2

SOBRE LA IMITACIÓN

El hombre se hace a medida que imita. En él se cumple esta paradoja: porque ignora quién es, busca en los otros una imagen de sí mismo y, una vez hallada, la hace suya y la dictamina original. La imitación no sólo apunta a la raíz de nuestra evolución psicológica: constituye también el resorte primordial del mecanismo que asegura la continuidad de una cultura. Crecemos impulsados por el deseo de parecernos a alguien, y es ésta la manera –a todas luces contradictoria– que tenemos de pensarnos únicos.

Es cierto que, a la vez que nuestra existencia avanza, los modelos cambian, las referencias fluctúan. Nuestra identidad conoce oscilaciones en el curso de las cuales, con una frecuencia que se revela ajena a las pretensiones de la voluntad, incluso aquello que dábamos por definitivo puede ser desestimado y sustituido por nuevos aportes de materia vital. Es así como el carácter monótono que conlleva la repetición se atenúa. A los patrones iniciales, el ser humano superpone un venero de creatividad que los modifica y enriquece. Pero debe admitirse de todos modos que ni el deseo ni la imaginación, por más que su fuerza simbólica nos induzca a pensar otra cosa, son capaces de operar desde la nada.

Es lícito, pues, pensar en el hombre como en el ser que todo lo recibe. Su acontecer se inscribe en una cadena de transmisiones fuera de la cual no encuentra sino incertidumbre y extravío. Si bien la obra inconmensurable de René Girard ha indagado por extenso en los aspectos más conflictivos del deseo mimético, en los antagonismos que éste excita y en el consiguiente desencadenamiento de los sucesivos ciclos de venganza y sacrificio inscritos en la dinámica propia del discurrir de los pueblos, en modo alguno han supuesto las conclusiones de su ingente tarea investigadora un desmentido a aquella certeza básica. Casi desde el instante de nuestro nacimiento imitamos. Hacemos nuestro lo ajeno. Aprendemos porque aprehendemos, si se me permite la ramplonería del juego verbal. Y ello sucede no sólo en la esfera biográfica, en el espacio de las relaciones de parentesco donde empieza a configurarse nuestra identidad personal; también en la matriz de toda cultura alienta la propensión a mantener inalterable un eje de continuidad que garantiza su supervivencia a largo plazo.

Aun así, nuestra época se ha decantado por desprestigiar al que imita. «¿Por qué –se pregunta Emerson– esta veneración por el pasado? Mantente en ti mismo; nunca imites. Todo gran ser humano es una unicidad». En la contundencia de estas aseveraciones encontramos, antes que el brillo inédito de una revolucionaria proclama intelectual, una mera prolongación del dogma moderno que, ya a partir de los siglos xiv y xv, establecía el rechazo de la tradición como divisa de una nueva era. Tal y como nos recuerda Sloterdijk, el mundo occidental es, a partir de los siglos mencionados, «la primera civilización que busca sistemáticamente la innovación».

Ingresamos en la modernidad, y, al hacerlo, quedamos sometidos a la dialéctica de los distintos movimientos artísticos que, en un proceso de feroz y recíproca negación, característicamente antigenealógico, se suceden tras el declive de la Edad Media. La pasión por la novedad se adueña entonces de los espíritus más brillantes. Con el Romanticismo, la expresión de la subjetividad es elevada a la categoría de piedra de toque mediante la que tasar el valor de cualquier actividad que se pretenda genuinamente creadora. Se consolida el mito del artista en tanto artífice genial: un dios que crea *ex nihilo*. A partir de este hiato –esencial para comprender en su verdadera magnitud el proyecto de desarraigo y descivilización consustancial a la Edad Moderna–, imitar se vuelve superfluo, incluso denigrante. La moda sustituye a la tradición. La originalidad –o, por ser más preciso, la pretensión de devenir original– eclipsa la antaño prestigiada fidelidad a los arquetipos. Desentrañar las causas de un cambio tan profundo desborda el objetivo de estas líneas. Hay al fondo, como no podía ser de otra manera, una cuestión de hondo calado teológico: la entronización del hombre como nueva divinidad, una vez que, desde una perspectiva filosófica, la muerte de Dios ha sido decretada. Pero concurren asimismo otros aspectos que le confieren al fenómeno una coloración peculiar. Así, no estará de más recordar en este punto que el concepto de imitación remite al de magisterio. Imitar presupone el reconocimiento de una autoridad que instruye y a la que, de algún modo, se venera. El discípulo anhela emular al maestro, y, más aún, superarlo, pero siempre desde la asunción de un orden cerrado y jerárquico, desde una posición de partida en la que cada cual asume los límites de su propia responsabilidad. Y bien: ¿qué otra cosa podría despertar hoy día esta actitud, después de todo, más que una sintomática aversión entre las nutridas filas de adeptos a la ideología igualitaria que saturan nuestra época? La imitación evoca, por otra parte, un acervo de convenciones que hacen bostezar al moderno. No en vano, la psicología del individuo actual se inclina más bien hacia la improvisación, la espontaneidad, la libre expresión de sus pulsiones creativas. Imitar, por el contrario, entraña el compromiso con un esfuerzo que reclama la concurrencia de severas virtudes ascéticas: humildad, rigor, perseverancia, disciplina, subordinación a un canon. Para confirmar esta tendencia, nos bastaría observar cómo las nuevas pedagogías, surgidas en la estela de los desvaríos rousseaunianos, en la misma medida que optan por relegar la transmisión de conocimientos a un papel cada vez más subsidiario, promocionan ultranovedosas metodologías de aprendizajes autónomos –«aprender a aprender» lo llaman– que, con festiva ecuanimidad, han venido sembrando la estulticia en generaciones enteras.

La imitación, por último, es indisociable del ejemplo. Se nos antoja ejemplar aquello que nos parece digno de ser emulado. Entramos aquí, más allá de la estética, o quizá en un ámbito concomitante con ella, en el terreno de la moral. Ahora bien, la moral moderna, socavada desde ya antes de la Revolución francesa por los cantos de sirena de las ideologías falsamente emancipadoras, hace tiempo que degeneró en una moral de circunstancias. Con ella casan mal los preceptos diáfanos. No gusta de las, en ocasiones, ariscas rigideces que modulan un temperamento insobornable. A lo que el moderno se adhiere mejor es a un relativismo autónomo, caracterizado por una flexibilidad casi jovial a la hora de sortear los grandes dilemas. Con tales mimbres, resultaba improbable que la moral colectiva no acabara corrompiéndose. Fue posible entonces hacer del impulso mimético una escuela de depravaciones. De ese modo, constatamos que mucho más que el afán narcisista de originalidad y el consiguiente abandono de las rutinas miméticas –algo por otra parte ilusorio, pues, como he tratado de argumentar, contradice una conducta propia de nuestra condición de personas–, lo que amenaza la pervivencia de una civilización es la subversión de aquellos modelos que, patrocinados por unas élites corruptas, esa misma civilización ensalza.

En semejante tesitura, eso que suele invocarse como Espíritu del Tiempo se revela, en definitiva, como una disposición colectiva abierta por igual a todas las opciones. Los valores se equiparan, se dislocan los rangos. A un paso tan sólo del nihilismo, hasta los posicionamientos más dramáticos adquieren un cariz lúdico. Si todos los modelos son en la misma medida plausibles, entonces no hay belleza ni bien a los que aspirar. No hay verdad. La multiplicidad de centros desestructura el mundo. La realidad se hace trizas y de ella sólo nos es dado rescatar una miríada de fragmentos inconexos, mínimos testimonios de la primigenia unidad perdida. Tal es, seguramente, la situación en que ahora nos encontramos. Cunde la impresión de que el hombre ya no avanza en un sentido definido, de que se limita a girar sobre sí. Carecemos de un proyecto que nos aúne. La búsqueda del bien común ha sido sustituida en la vida pública –y no sólo en la vida pública– por el oportunismo, la mezquindad y la defensa sectaria de las conveniencias particulares. Y la pregunta ineludible es si un mundo así resulta habitable. Un mundo en el que el sentido mismo de pertenencia a una comunidad, a una familia incluso, está, si no ya por completo extinguido, a punto de desvanecerse.

¿Qué queda entonces por proponer? No grandes gestas, desde luego. Recordar que somos parte de una tradición, a la que todo se lo debemos. Desenmascarar, uno tras otro, a los ídolos que nos ciegan. Perseverar en el empeño de trasmitir nuestro legado. Custodiar, para ofrendarla a los demás, toda esa íntima riqueza de la que nadie puede despojarnos. Celebrar la belleza. Fortalecer los lazos que nos vinculan con aquellos a quienes reconocemos como miembros de una misma estirpe espiritual. Hacer explícita nuestra gratitud, nuestra admiración; eso siempre. E imitar. Imitar todo cuanto reconozcamos ornado aunque sea por un simple destello de nobleza.

No es escasa tarea para estos tiempos crepusculares.

3

EL MILAGRO DE LA ATENCIÓN

Hemos dejado de desear las cosas. Semejante afirmación contradice una de las premisas sobre las que parece sostenerse un mundo en el que se nos incita a consumir sin tasa. En el tiempo del acaparamiento febril y el exhibicionismo impúdico, ¿cómo aceptar la posibilidad de una mengua de nuestros deseos, de un desfallecimiento, siquiera mínimo, de nuestras ansias de apropiación de todo aquello que se nos antoja apetecible? La respuesta requiere una aclaración terminológica: confundimos el deseo con el encaprichamiento. El deseo reclama una mirada que se esfuerce en penetrar hasta la esencia de su objeto. Se encomienda a la constancia. Merodea en torno al hermetismo de un enigma que, justo cuando parecía rendírsele, vuelve a plegarse sobre sí y a demorar nuevamente su entrega. El encaprichamiento, en cambio, acostumbra a ser mudable. Su sello es la impaciencia. Se conforma con servir de cauce a una atracción instintiva. Cree venerar lo obvio de una apariencia por la que, en realidad, no llega a sentirse interpelado. Y cuando a su voluntad de conquista se le interpone algún escollo, lo habitual es que desista de su empeño.

Así pues, entre el capricho y el deseo media un factor que determina la distinta naturaleza de ambos. Ese factor es la atención. No podemos desear sino aquello que hemos mirado atentamente. No podemos desear otra cosa que la porción de realidad sobre la que nuestra mirada se ha detenido imbuida de un interés que, extendido en el tiempo, se reviste de devoción y paciencia. En un ensayo muy breve que lleva por título *Reflexiones sobre el buen uso de los estudios escolares*, Simone Weil escribe: «Si hay verdadero deseo, si el objeto del deseo es realmente la luz, el deseo de luz produce luz. Hay verdadero deseo cuando hay esfuerzo de atención». Ahí, en esas pocas palabras, si las releemos con detenimiento, queda enunciada la cristalización de un fenómeno asombroso. Aluden a un deseo que, en su intensidad máxima, es susceptible de *producir* el objeto que desea. Pero no lo describe en los términos propios de un éxtasis súbito, de un arrebato tan inesperado como a la postre gratuito. Lo hace como el fruto necesario de una persistencia sin fisuras. Como el culmen de una fe indesmayable en la contemplación y la espera.

Desde esa perspectiva, no debe sorprender que Weil proceda a establecer un vínculo natural entre el esfuerzo inherente al estudio y su repercusión en el devenir espiritual de la persona. «Es el papel que el deseo desempeña en el estudio –escribe– lo que permite hacer de él una preparación para la vida espiritual». A partir de esa concepción ascética, incluso cuando los resultados últimos disten de parecernos acordes a las energías invertidas en nuestro empeño de aprehensión intelectual, no puede esperarse de tal esfuerzo sino un enriquecimiento de las potencialidades del ser, una expansión de los horizontes vitales del sujeto, inmerso desde ese instante en un proceso en el que siente que sus facultades se dilatan a medida que su voluntad se disciplina. «Estudiar –afirma en esa misma línea de pensamiento el filósofo Higinio Marín– es ejercitar trabajosa y disciplinadamente la propia capacidad, y es tan duro como la talla de piedras, pero tan delicado como la jardinería».

Así es en rigor. Sin embargo, la mayor parte de las teorías pedagógicas de nuestro tiempo han procurado desterrar de su ámbito de prescripciones cualquier mención al esfuerzo. Comprometidas en la demolición de las tradicionales arquitecturas del saber, en el pertinaz apostolado de una supuesta modernización tan pretendidamente lúdica como en última instancia disolvente, han propagado el mito de unos aprendizajes fiados a la casi exclusiva intermediación de la técnica. ¿Qué ha surgido de ahí? Una atrofia de la voluntad. Una clamorosa merma de la densidad y la profundidad de los conocimientos. Un debilitamiento de las estructuras mentales necesarias para resistir con eficacia los intentos de manipulación ideológica, constitutivos de esta sociedad de masas. En definitiva, han sumido a la persona en la misma atmósfera de dispersión incesante de la que un sistema educativo que hiciera honor a su auténtica razón de ser debería haberla preservado.

El resultado, al cabo de esta prolongada inmersión en la espasmódica bacanal de estímulos que define a nuestras sociedades, es un individuo paradójicamente apático. Un ser, las más de las veces, aplastado bajo el peso muerto de la saturación material que domina su entorno. «El hombre indiferente –dictamina Gilles Lipovetsky– no se aferra a nada, no tiene certezas absolutas, nada le

sorprende, y sus opiniones son susceptibles de modifica-
ciones rápidas». En el polo opuesto al arquetipo descrito
por Lipovetsky, se sitúa la figura de aquél que ha sido
adiestrado en el cultivo de la atención. Su mirada trasciende las apariencias. Enfrentado al magma informe de
la realidad, al anestesiante flujo de sucesos que abotargan
la percepción, su entendimiento es capaz de establecer
lúcidas analogías a partir de las cuales despunta siempre
un principio de orden. Como además ha aprendido a
valorar cada matiz, su sensibilidad permanece, en toda
circunstancia, abierta a la posibilidad del deslumbramiento y el asombro. Es decir, a la materialización de un
gozo perdurable.

Pero el encuentro con alguien adornado con tales atributos es un acontecimiento cada vez más raro. Nuestro
mundo conspira contra la atención, acaso porque en ella
reconoce una cualidad subversiva. La atención nos fija a
un punto, nos abre a la expectativa del arraigo. Pertrechada con el complemento de una irreductible perspicacia,
identifica la mentira y hace viable de ese modo el acto de
erigir un baluarte tras el cual la persona quede a resguardo de la ponzoña que difunden los grandes manipuladores. Y no sólo eso. En su estadio más perfecto, desdeña
los oropeles que ciegan la voluntad de las masas y escoge
su objeto de entre aquellos que, a los ojos del común de
las gentes, aparecen desprovistos del brillo de la relevan-
cia. Es precisamente de ellos, de su paso casi inadvertido
por los oscurecidos márgenes del mundo, de donde la
atención extrae la sustancia que confiere su justo valor
a lo que nos rodea. Se trata de esos «seres de desgracia»
a los que con tanta frecuencia se refería Jiménez Lozano
en sus escritos, ésos que, con su muda presencia entre

nosotros, encarnan un desafío ineludible a los cánones estrepitosos del éxito y la aceptación. De nuevo es Weil quien acota el asunto con palabras imperecederas: «Los desdichados no tienen en este mundo mayor necesidad que la presencia de alguien que les preste atención. La capacidad de prestar atención a un desdichado es cosa muy rara, muy difícil; es casi –o sin casi– un milagro».

Quien en el ámbito de la literatura quisiera ver ejemplificado este milagro de la atención que he intentado glosar en las líneas precedentes no tendría más que acercarse –se me ocurre– hasta la obra de Miguel Delibes. De sus personajes sólo en apariencia mínimos, del descolorido acontecer de esas existencias postergadas, hemos visto emerger para siempre una vindicación honda y definitiva de la dignidad inalienable de los débiles.

4

JARDINES

Existen periodos que nos inducen al retraimiento, épocas en las que la constatación del desajuste entre los valores que modulan el espíritu del tiempo, por un lado, y la senda por la que acostumbran a transitar nuestra sensibilidad y nuestras creencias, por otro, nos inflige una herida demasiado profunda como para que podamos ignorar de manera continuada sus efectos. Aunque se tienda a ver en ello el reflejo de una pose elitista, en realidad se trata de un mecanismo de defensa irrenunciable en quien ha resuelto que todavía queda algo por poner a salvo. Algo, por pequeño o limitado que sea; alguna fracción valiosa de nuestra intimidad que nos resistimos a exponer a la voraz estulticia del mundo.

Cuando la impresión de marchar a un compás distinto al de los sucesos que entretejen la realidad cristaliza en una certeza incontestable, es frecuente que al ardor con que nos aprestamos a la batalla le suceda, en el curso del tiempo, un agudo sentimiento de hastío. Ni siquiera en aquellos espíritus animados por un elemento notable de combatividad resulta inusual que la tentación del repliegue llegue a revestirse de un atractivo irresistible. En la imaginación empieza a configurarse entonces un entorno a resguardo de las perturbaciones que acechan en el camino. Alrededor de ese baluarte apuntalamos nuestra fe. Perseguimos, cada vez con mayor ahínco, la materialización de un ideal en el que nos negamos a reconocer un principio de claudicación: conseguir que lo más precioso de nuestro bagaje vital repose al fin en un emplazamiento seguro, al margen de la hostilidad manifiesta del mundo; colonizar un mínimo espacio de apaciguamiento y armonía en el que nos sea dado custodiar al menos una brizna de belleza, un humilde átomo de bien.

Esta intención de la voluntad que busca delimitar un perímetro detrás del cual el sujeto se reconozca inmune a las insidias de su entorno es probablemente la misma que se hace explícita en las últimas líneas del *Cándido* de Voltaire. Recordemos: «Lo que sé –dijo Cándido– es que debemos cultivar nuestra huerta». Esa huerta remite al jardín del Edén, a la posibilidad de un retorno efectivo a un enclave de feracidad e inocencia que no se vea socavado por la perfidia inmisericorde de la historia. Sin embargo, resulta imprescindible extremar en este punto el cuidado, porque, tal y como nos advertía Zygmunt Bauman en *Modernidad y Holocausto*, el pensamiento utópico propagado por las ideologías de corte salvífico que emanan de la modernidad responde precisamente a la representación del mundo entendido como un jardín irreprochable. Cuando el deseo de perfección se vuelve demasiado acuciante, el jardinero acaba obsesionándose con arrancar hasta el más ínfimo hierbajo que dañe el diseño de su composición. Impone a los demás, por todos los medios a su alcance, «su deseo vehemente de un orden mejor y necesariamente artificial». La deriva psicótica de semejante visión de una realidad óptima y totalizadora, sustentada en un racionalismo extremo, culmina en el alumbramiento de los diversos proyectos de ingeniería social en los que continuamos inmersos en nuestros días.

De manera que parece sensato detenerse a reflexionar un momento acerca de lo que pretendemos cuando asumimos la determinación de apartarnos de los otros y recluirnos en nuestro hermético feudo de afirmación personal. La propensión al acomodamiento se antoja bastante evidente. Resulta sencillo, a continuación, dejarse embriagar por la sugestión de estar contemplando los hechos desde una altura superior y, de ese modo, arrogarnos un excedente moral que nos preserve de toda autocrítica. Desde esa posición confortable, sin embargo, le ofrecemos a la amargura una oportunidad única para que deposite sus semillas en nuestro interior. Comenzamos a enjuiciar las cosas desde un prisma resentido y estrecho, a través del único ángulo al que parece capaz de abrirse una mirada crecientemente torva. El desenlace es que acabamos sumidos en un ensimismamiento pasivo, en una hosquedad asediada y sombría en la que no obstante nos complacemos porque, con cada nuevo agravio del que nos imaginamos ser víctimas, sentimos que nuestros prejuicios se consolidan.

Existe, además, un riesgo añadido en esta tendencia monomaniática al enclaustramiento. Valga para ilustrarlo una anécdota. Cuando el gran pensador político Julien Freund presentó su tesis doctoral ante el tribunal que debía calificarla, uno de sus miembros, Jean Hippolite, le manifestó que las categorías schmittianas de amigo y enemigo que Freund había utilizado para fundamentar su trabajo, de ser válidas, no le dejaban a él, un pacifista convencido, otra opción que encerrarse a cultivar su jardín. La respuesta de Freund fue taxativa y define, en su escueta exactitud, la esencia misma del realismo político: «Su razonamiento –le objetó Freund a Hippolite– es que si no queremos enemigos, no los tendremos. *Pero es el enemigo quien le designa.* Y si éste quiere que usted sea su enemigo de nada servirá la más hermosa profesión de amistad. Si él decide que usted sea su enemigo, lo será cuando él quiera. Y desde luego no le permitirá cultivar su jardín».

Lo que Freund estaba tratando de remarcar con sus palabras era la insensatez última que supone, en su opinión, y dada la índole feroz de la época que nos ha tocado vivir, optar por una reclusión absoluta. Por pequeño o insignificante que resulte, antes o después nuestro jardín atraerá la atención de quienes sólo alcanzarán a interpretar como una afrenta intolerable la modesta luz que esa pequeña parcela bien cuidada llegue a irradiar sobre la superficie del mundo. Tarde o temprano, los bárbaros asaltarán sus muros. Bastarán las primeras embestidas de las hordas para que comprendamos –quizá demasiado tarde– lo ilusorio de nuestros esfuerzos por permanecer al margen.

Y, aun así, el dilema persiste. Pues, en último término, resulta tan incontenible la marea de zafiedad, estupidez y encanallamiento que sentimos bullir y agitarse sin pausa a nuestro alrededor que, de manera inevitable, notamos cómo cada cierto tiempo se reaviva la tendencia íntima a permanecer en alguna posición a resguardo. Contamos además, para refrendar ese criterio, con el *dictum* evangélico que nos insta a abstenernos de arrojar las cosas sagradas a los cerdos. ¿Qué hacer, entonces?

Entre ambos extremos, entre exponernos sin protección alguna al encono de unas fuerzas que acabarán por aplastarnos o perseverar en la cautela de pasar desapercibidos, se sitúa la opción de resistir creativamente. Reforzar los muros, levantar una empalizada, sí, porque otra cosa sería incurrir en una ingenuidad suicida, en un delirio temerario para con nosotros y los nuestros, pero, al mismo tiempo, dejar abierto un resquicio a través del cual los frutos de nuestra labor diaria puedan germinar en algún otro jardín cercano. De modo que, recíprocamente, también otros dones tengan la oportunidad de llegar alguna vez hasta nosotros, y así perfumen nuestras estancias y el esplendor de su luz preste un brillo renovado a nuestros días.

Guardar las distancias, pero abrirnos a la posibilidad de acoger al cercano. Defender nuestro reducto, pero dejar tendido un puente por el que, acaso el día más inesperado, veamos aproximarse una caravana repleta de prodigios.

5

LAS HORAS OSCURAS

Ningún escritor olvida el día en que aparece publicado su primer artículo, o su primer relato, o su primer libro de poemas. Siente en ese momento, junto al inevitable pellizco del orgullo, un cierto vértigo de irrealidad al contemplar por vez primera su nombre en el encabezamiento de un texto que quizá en adelante le cueste reconocer como suyo. Ese extrañamiento que produce la contemplación de la propia obra fuera del espacio donde se gestó apunta hacia el destino que aguarda a toda creación que sale al espacio público: el de transformarse en una criatura autónoma, apartada definitivamente de su autor, expuesta a la intemperie de las interpretaciones y los juicios.

Para el escritor, sin embargo, hay todo un mundo detrás de esa pieza (breve o extensa, anodina o brillante) que acaba de ver la luz. Es un mundo que sólo él conoce, hecho de perseverancia y de miedo, de vastos espacios de esterilidad y fugaces arrebatos de entusiasmo. Es un ámbito de infatigable merodeo, de persecución de la palabra con la que fijar cada idea en el molde exacto de una frase. Se bordea aquí, con frecuencia, el terreno de lo obsesivo. Puede que al autor alguna vez le lleguen los ecos de unos

cuantos comentarios elogiosos, que sin duda agradece-
rá. Puede que, durante un tiempo, el espejismo de una
efímera notoriedad incentive el vuelo de una fantasía
demasiado propensa a los excesos. Pero si ha aprendido a
reconocer cuál es la auténtica sustancia de la que se nutre
su vocación, sabe que está llamado a regresar a la soledad
que le aguarda entre las cuatro paredes de un cuarto en silencio, porque es ahí donde estriba la esencia del misterio
que define su tarea: en la posibilidad, siempre latente, de
que de ese vacío que el tiempo urde a su alrededor surja
el regalo de algún logro valioso.

Es hasta cierto punto lógico que a esta necesidad de re-
cogimiento el mundo reaccione con una mirada atónita.
No en vano, el mundo venera lo exterior. Le gusta dejarse
cautivar por el brillo de las apariencias y el estruendoso
carnaval de los triunfadores. Toda disciplina de renuncia
encierra para él un misterio de cuya entraña se cuida de
permanecer al margen. Además, esa tendencia a la introspección, tan definitoria del creador en su sentido más
genuino, en modo alguno se compagina con la ideología
utilitarista que acciona los engranajes de la época. Si no
es para la obtención de un fruto que le depare el éxito
de un reconocimiento masivo, muy pocos entenderán la
actitud del que se aparta del bullicioso rodar de los días
con el propósito primordial de encontrarse a sí mismo.

Y, sin embargo, qué esenciales son esas horas en las
que uno se adentra en sus propios laberintos. No hay
protección posible contra la agitación de nuestro entorno que no se afirme sobre los cimientos de una interio-
ridad bien pertrechada. Es en ese tiempo desprovisto
de brillantez, casi opaco, donde la semilla del ser –por
recurrir a la trascendencia significativa de la parábola

evangélica– tiene ocasión de fructificar. Es ahí, en el espacio de esas horas oscuras, densas, demoradas, donde palabras como «atención» o «paciencia» adquieren un sentido mucho más hondo y decisivo del que solemos atribuirles en la conversación cotidiana. El espíritu se reviste de tensión en el trayecto que conduce hasta el centro de uno mismo. Y resulta de alguna manera indiferente la vía escogida para atravesar ese desierto (la composición de un texto escrito o de una pieza musical, la pintura de un cuadro, una meditación en torno a alguna lectura, la recitación de una plegaria), pues de lo que se trata es que de la actividad que reclama la absoluta concentración de nuestros sentidos y la perfecta armonización de nuestra sensibilidad y nuestro entendimiento, emerja el perfil verdadero de la persona que somos.

En la medida en que nuestra sociedad idolatra la acción, su idea de la vida no puede diferir demasiado de la que se desprende de los mensajes con que los grandes medios saturan nuestro entorno: un consumo frenético de experiencias mediante las que combatir ese mal epidémico al que, en Occidente, hemos convenido en llamar aburrimiento. El resultado, lo sabemos, es la caída en una espiral de deseos cuya satisfacción, en lugar de mitigar nuestro apetito, invariablemente lo exacerba. Urge, por tanto, una insistencia en la contemplación que nos libere de tanta servidumbre aciaga. Hacer menos para ser más. Custodiar una luz cuya llama, por muy tenue que nos parezca, ningún viento consiga sofocar.

6

EL INMENSO TEDIO DE VIVIR
SIN INTERROGANTES

Tenemos la misma densidad que los misterios que nos interpelan. De ahí que nuestro camino de maduración se confunda con la tarea de vivir según un propósito de esclarecimiento. El niño pregunta. El niño no deja de preguntar. Su avidez por conocer no es un rasgo más de su personalidad en ciernes; es el eje sobre el que gira su deseo de someter la realidad a los límites de su entendimiento y, de esa manera, apropiársela. Con cada aprendizaje, con cada velo que contempla caer ante el parpadeo inquisitivo de sus ojos maravillados, el niño siente que se embolsa un trozo de mundo. Así se convierte en un pequeño potentado que acumula retazos de un tapiz que, por lo demás, todavía no sabe que es inabarcable. Eso lo descubrirá después. Por ahora se deja guiar por su instinto, que no consiste en dar rienda suelta a un vulgar afán de acaparamiento, sino en construirse un refugio de certezas que le defienda de la amenazadora vastedad de tantas cosas inexplicables.

Casi siempre hay alguien muy querido que nos recuerda cómo, cuando uno era crío, no paraba de preguntarlo todo. Es lo que ahora veo hacer a mis hijos. Me gustaría dar por cierto que cada respuesta que obtienen de su madre o de mí acrecienta su fe en la bondad última de lo creado, pero no estoy seguro. Porque la curiosidad de un niño encierra también sus peligros. Obliga al adulto a replantearse el ángulo desde el que acostumbra a enfilar los hechos y a escrutar entre los pliegues de un puñado de convicciones que creía inamovibles. Es un riesgo que hay que asumir si uno se enfrenta al desafío con honestidad y cierto espíritu de renuncia. A fin de cuentas, llegará un día en que el niño dejará de preguntar. Llegará un día en que su curiosidad se revista de una impenetrable coraza de autosuficiencia y decida que las respuestas debe encontrarlas por sí solo. Y para entonces lo deseable es que ese niño, que ya no será tanto un niño como un adolescente deseoso de aventurarse a través de laberintos en donde jamás se adentraría en compañía de sus padres, disponga de un sentido de la orientación lo más ajustado posible.

De modo que hacernos preguntas nos acerca al encanto de ese tiempo en que todas las cosas estaban recubiertas por una pátina reciente. Pero luego, de manera gradual, nos acompasamos al ritmo al que el mundo envejece. Dejamos de preguntarnos. Y en ausencia de preguntas, la conciencia adquiere el hábito de refugiarse en lo obvio. Se vuelve perezosa. Se llena de prejuicios y de rutinas estériles. Se acomoda al molde de las opiniones dominantes y se adormece en la tibieza de la atmósfera que proporciona la proximidad del rebaño.

Pero, en el fondo, sabemos que no debería ser así. Porque la pregunta es justamente aquello que impide que nos volvamos más idiotas y gregarios. Evita que la inteligencia chirríe lo mismo que una articulación anquilosada. La pregunta es una pedrada que agrieta la homogénea superficie de los paradigmas aceptados. Es también la herramienta que, tras el asombro primigenio, desbroza el sendero que conduce a la verdad. En un fragmento sublime de su libro *Textos*, escribe Gómez Dávila: «En el silencio de los bosques, en el murmullo de la fuente, en la erguida soledad de un árbol, en la extravagancia de un peñasco, el hombre descubre la presencia de una interrogación que lo confunde. Dios nace en el misterio de las cosas. Esa percepción de lo sagrado, que despierta terror, veneración, amor, es el acto que crea al hombre, es el acto en que la razón germina, el acto en que el alma se afirma».

«El misterio de las cosas», escribe don Nicolás. Pero ya conocemos el cariz de estos tiempos. Max Weber lo definió con una fórmula exacta: el desencantamiento del mundo. Ya no hay misterios por los que dejarse deslumbrar. Sólo hay creencias prendidas con alfileres a las circunstancias del momento, un corpus de respuestas envasadas que nos suministran el Estado, o la publicidad, o una ideología, o la Agenda 2030, y nos sumen en un letargo dulce y tranquilizador, y ahuyentan de nosotros la curiosidad y las dudas, y nos insuflan una especie de confort sin aristas ni sobresaltos al que nos empeñamos en llamar felicidad, y quizá lo sea, o quizá no, quién sabe, y que en cualquier caso nos convierten en esa clase de individuos redondos y previsibles que pueden enfrentarse a las vicisitudes de la vida con una media sonrisa en los labios y un destello de confianza en la mirada.

Hasta que de golpe, el día más inesperado, llega un viento recio y arrasa con todo.

7

HONOR

———

Hay un aura de gravedad y nobleza en los personajes que retrata en sus cuadros El Greco. En *El caballero de la mano en el pecho,* por ejemplo, que los especialistas del Museo del Prado restauraron hace ya unos cuantos años, devolviéndole la nitidez de sus perfiles y restituyendo sus tonalidades originales, el contraste con el fondo que, al permanecer hasta entonces sumido en una tiniebla cerrada, trasmitía a la figura una cualidad espectral de aparecido o resucitado. El caballero posa con delicadeza su mano lívida sobre la tela negra de su ropaje, a la altura del esternón, cerca de la empuñadura de la espada. En el semblante, alargado y pálido, se trasluce una impresión de intensa melancolía. Uno de los párpados cae ligeramente más desprendido que el otro, y de sus ojos –grandes pero un poco hundidos, y de contornos sombreados– apenas alcanza a desprenderse un brillo apagado, un fulgor mortecino y exhausto en el que se remansa el reflejo de una languidez contenida y de una tristeza sin fondo.

No es la mera percepción de un cansancio físico o el indicio de alguna enfermedad irremediable lo que nos conmueve al detener la mirada en el rostro del caballero sin nombre, sino más bien el reconocimiento de un desengaño muy hondo que ese personaje ha resuelto sobrellevar hasta el fin de sus días con el porte estoico de una dignidad inmutable.

Uno contempla los cuadros de El Greco –que muchas veces son retratos de santos y mártires, pero cuyos modelos pertenecen a la España de su época, a la de la segunda mitad del siglo XVI y principios del XVII– y tiene la certeza instantánea de estar en presencia de determinados personajes de nuestro Siglo de Oro, de los protagonistas del mejor teatro del Barroco, que aún tardará algunos años en surgir, el teatro de las grandes comedias de Lope, Tirso y Calderón. Los personajes retratados por El Greco son como una encarnación anticipada de esas creaciones dramáticas, caballeros vigilantes con su propia honra y con la de quienes permanecen bajo su escrupulosa tutela, atentos en todo momento a reparar los agravios que les puedan ser infligidos, llevados en su resolución no sólo por una visceral apetencia de venganza, sino inducidos ante todo por la certeza de que ese momento de la historia todo lo relacionado con el honor y la dignidad de las personas aparece revestido de una importancia crucial.

El honor, la dignidad. Aun cuando seamos conscientes de que en la esfera del arte los grandes conceptos tienden a aparecer idealizados, exhibidos con frecuencia bajo una luz que los enaltece, lo cierto es que no podemos sino lamentar el instante en que esa clase de términos comenzó a vaciarse de sentido. Hubo sin duda en nuestra historia reciente un punto en que las virtudes que sostenían la convivencia y alimentaban un mínimo depósito de confianza en la condición honesta de algunos de nuestros seres más próximos (la llave de la casa que se confía al vecino, el apretón de manos con el que se cierra un trato, la fe incuestionable en la palabra dada) empezaron a quedar oscurecidas por la paulatina insinuación de una persistente sombra de recelo. Se nos impuso la imagen del mundo como un entorno de sobresaltos y terrores. Perdimos la confianza en el prójimo. El sensacionalismo atronador de ciertos medios nos inoculó la idea de que la vida apenas consistía en sortear una serie interminable de asechanzas, en participar a la fuerza en una aciaga ruleta de hecatombes en la que más pronto o más tarde todos nos expondríamos a sucumbir.

La siembra de ese estado de conciencia acarreó una merma irreparable de la alegría de vivir. Aceptada en nuestro fuero íntimo la tendencia que eleva a nivel de categoría lo que la mayor parte de las veces no pasa de ser una anécdota, fiarse de los demás se convirtió en una ingenuidad propia de niños. A partir de cierto momento, la sabiduría de los tiempos consistió en asumir la posibilidad de una intención oculta en cada gesto magnánimo, en cada actitud desinteresada. La astucia podía más que el candor; el hombre taimado llegaba más lejos que el que se mostraba abiertamente bondadoso. Fue así como nos habituamos a vivir bajo una tensa actitud de sospecha. No había que esperar a ser víctimas de ningún desengaño para extraer de la realidad la conclusión inapelable con la que Yeats remata uno de sus poemas más estremecedores y sombríos: «Los mejores carecen de convicción / y los peores están llenos de apasionada intensidad».

Sin embargo, ninguna de las enseñanzas contenidas en el compendio de advertencias con que nos hemos acostumbrado a desenvolvernos en nuestra vida diaria es fruto exclusivo de los tiempos. ¿Acaso hay alguien que ignore todavía la frase de Plauto –de la que tanto provecho supo luego extraer Thomas Hobbes– según la cual «el hombre es un lobo para el hombre»? ¿No está trufada la sabiduría clásica, desde *El libro de Job* en adelante, de ejemplos que nos avisan de la perfidia que satura el mundo, del escándalo que representa la subversión tan frecuente del orden moral en que, pese al cúmulo de evidencias que lo contradicen, nos empeñamos en seguir creyendo?

Para contrarrestar el extravío en que la realidad de un mundo inicuo sumía al hombre de otras épocas, era lo habitual que éste se aferrara a la creencia en un universo de valores sólidos. Si veía que el malvado obtenía recompensas que al hombre recto rara vez le era dado alcanzar, se consolaba no sólo mediante el desprecio de las cosas mundanas, sino a través de la perseverancia en el cultivo de su fe en algún modo de reparación ultraterrena. Por otra parte, desde el punto de vista de los poderosos, y pese a las conocidas salvedades con que la historia nos alecciona, no cabe duda de que la perspectiva de perder el honor representaba un freno, hasta cierto punto efectivo, a una porción de los abusos en que se sintieran tentados de incurrir.

En nuestra época, es justo ese vínculo entre el acto deshonroso y la pérdida de la estima social lo que ha experimentado una fractura decisiva. El relativismo moral ha destruido muchas de las coordenadas básicas que estructuraban la vida en común y, en lo que atañe al dominio de los asuntos públicos, el sectarismo dominante ha provocado que el distinto grado de censura hacia los comportamientos despreciables dependa, antes que del hecho en sí, de la filiación ideológica de aquellos que los hayan cometido. Podría decirse que en lo que vivimos ahora es en una clamorosa suspensión de los baremos objetivos con los que en una sociedad sana habrían de sancionarse las conductas más indecorosas. Inevitablemente, esta postergación del sentido de la dignidad personal ha desembocado en lo que todos sabemos: en el apogeo de los peores, en el encumbramiento hasta los niveles más prominentes de la escala social de cierta estirpe de sujetos que no dudan en hacer gala de una desfachatez obscena a la hora de conquistar una posición de ventaja.

No obstante, si pensamos que el sentido de ejemplaridad que es posible percibir en el austero semblante del caballero retratado por el Greco pertenece a una época definitivamente cancelada, quizá nos estemos equivocando. Seguimos necesitando un fondo de decencia sobre el que sustentar los vestigios de una civilización que se descompone. Seguimos requiriendo el testimonio vivo de las personas que cifran su honor en principios distintos al afán de poder o la ciega ambición de notoriedad. Por eso habría que aprender a apartar de vez en cuando la mirada de las portadas de los periódicos y las pantallas de los televisores para dirigirla hacia ese otro ámbito, mucho más próximo y familiar, en el que, cada día, el desvelo incesante hacia los otros y el amor por el trabajo bien hecho alientan anónimamente el esfuerzo que sostiene nuestro mundo.

Es allí donde germinará la semilla de nuestra esperanza.

8

PALABRAS PARA UN TIEMPO QUE SE AGOTA

Vivimos en las postrimerías de una época. Todo a nuestro alrededor desprende el insistente aroma de un epílogo. La impresión de extravío se agrava cuando constatamos el ritmo al que se suceden las transformaciones. Ni siquiera a los entusiastas de lo nuevo les es dado reprimir, en sus horas más esclarecidas, un sordo espasmo de angustia. No es sólo la velocidad de reemplazo de acontecimientos y objetos, el prematuro aire de caducidad con que irrumpen en el mundo tantas cosas recién estrenadas. Es también, y sobre todo, la imposibilidad de asimilar el hecho de que nada absolutamente es perdurable, a nada se le brinda la ocasión de permanecer a nuestro alcance el lapso de tiempo necesario para aposentarse bajo la forma de un sedimento que germine. Y así sucede que se agita en el fondo de la conciencia un reflejo de incredulidad ante la certeza de que, más allá de los sucesos que la realidad devora, es nuestra misma existencia la que se ve arrastrada por este vértigo llamado a desgarrar el tejido constitutivo de lo humano.

La idea de tránsito, que obsesionó a los hombres del Barroco hasta el extremo de deparar en el arte expresiones de una turbiedad en ocasiones violenta y enfermiza, se materializa ahora en un festín de novedades que, envueltas en un celofán luminoso, embotan la percepción e impiden que el espíritu se expanda. Pero los destellos de la representación no alcanzan a contrarrestar la vertiente más sombría del fenómeno. Porque lo cierto es que esta aceleración de los tiempos, que no es sino la cualidad definitoria de una época que, habiendo extraviado su centro, se condena a desconocer el reposo, nace de una pasión envenenada. Deseamos que todo cambie porque hemos sido adoctrinados en el desprecio, característicamente moderno, hacia la realidad que se nos ha dado. Nos dejamos seducir por la idea –más bien el prejuicio– de que cualquier innovación acarreará una mejora. Exigimos, de entrada, que lo nuevo sustituya a lo viejo, sin reclamarle a lo nuevo otra acreditación distinta al ampuloso marchamo de su condición novedosa. Sin embargo, al adherirnos a tal exigencia cedemos el control de nuestras vidas a quienes han degradado el manejo de los asuntos públicos a una monomaniática excitación de esos deseos. Los mismos astutos gestores que, una vez incumplidas las expectativas que su intensa actividad propagandística ha generado, proceden al manejo del malestar que se deriva de toda aspiración no satisfecha.

Lo cierto es que el hecho que trato de describir no data de ahora mismo. Con el fin de apropiarse de la desazón instilada en la psicología del hombre moderno, la era revolucionaria acuñó un término que desde muy pronto se vio nimbado con una aureola de magia: progreso. La dinámica de la historia experimentó entonces una convulsión. Los deseos de justicia y fraternidad, el sueño, siempre aplazado, de una humanidad reconciliada ya no deberían aguardar, para materializarse, al cumplimiento de una promesa ultramundana. Conoceríamos, en un futuro borrosamente cercano, la dicha de un paraíso terrenal. Como única condición sería menester someternos a la guía infalible del Estado, que, en nombre de un puñado de virtuosas abstracciones (la igualdad, la libertad, la soberanía del pueblo…), procedió a la derogación del derecho natural y al vaciado de los usos y costumbres consagrados por la tradición para, sobre esa *tabula rasa*, imprimir en la arcilla virgen de las conciencias el decálogo de dogmas con arreglo a los cuales el nuevo hombre regenerado alcanzaría la felicidad.

Alrededor de este proyecto utópico ha girado el devenir de Occidente durante algo más de los últimos doscientos años. Sabido es que el ansia por enmendar a toda costa las imperfecciones inherentes a la condición humana ha dado lugar, en sus peores manifestaciones, a algunos de los más feroces totalitarismos que haya conocido la historia. No obstante lo anterior, la potencia retórica de los mitos alumbrados por la modernidad revolucionaria resulta tan formidable que no es sólo que su capacidad de sugestión haya permanecido intacta hasta ahora, sino que a quienes se han proclamado sus devotos adeptos –aun cuando buena parte de ellos lo haya hecho por conveniencia personal, de manera epidérmica y a simple título de inventario– les ha servido para revestirse de un aura de superioridad.

Hasta hoy. Porque hoy es el momento en que los síntomas del desencanto se hacen perentorios. El fracaso de las promesas seculares, la repetida postergación de ese absoluto en la Tierra que era la levadura de la gran inquietud revolucionaria, ha vertido sobre nuestras sociedades un pesado manto de decepción. La taumaturgia de los

significantes vacíos muestra indicios de agotarse. El estado de permanente excitación en que se nos obliga a vivir
suscita, a una escala aún minoritaria pero tal vez ascendente, una sobria reacción de hartazgo. Para conservar
su capacidad de manipulación, los grandes embaucado-
res deben, a cada nuevo envite, redoblar su apuesta. En
consecuencia, el calibre de sus mentiras se agiganta. Una
ponzoñosa aleación de perversidad, estupidez, codicia y
egolatría anima su empeño. Por lo demás, comprendemos
que el agotamiento vital en que esta sociedad se ha sumido
no es en absoluto incompatible con una predisposición
colectiva a la agitación y al paroxismo. Al contrario. El
progreso, que tan enormes mejoras de las condiciones materiales ha aportado a nuestras vidas, también ha hecho
notar su faceta menos resplandeciente cuando, transformado en apología sistemática del cambio, ha acabado por
arrojarnos fuera de todo límite. Desconocemos –aunque
la intuimos– cuál será su siguiente estación de paso.

Entretanto, unas cuantas inteligencias eximias se
dedican a levantar acta del paisaje que emerge tras la
certificación de esta quiebra antropológica. Las novelas
de Houellebecq, los ensayos de Jünger, Dalmacio Negro,
Bauman, Finkielkraut, Muray, Brague y tantos otros se
sitúan en la lúcida estela de quienes avistaron desde sus
primeros comienzos la probable negrura de un horizonte
en el que, en alas de la técnica y al amparo de las ideologías de corte disolvente auspiciadas por el Estado, el
hombre jugaría a hacer un dios de sí mismo. Son también
esos autores los que, ante el cada vez más evidente imperio de una burocracia de sesgo tecnoeconómico –si bien
todavía fuertemente politizada– en la que parece pronto a encapsularse el viejo delirio utópico, nos invitan a

percatarnos de la insuficiencia de las categorías clásicas con las que nos habíamos acostumbrado a reglamentar el mundo. Izquierdas y derechas, conservadores y progresistas son nociones que, aun gozando todavía de un innegable predicamento en el tablero de las identidades cívicas, acusan el desgaste propio de unos tiempos que experimentan una vertiginosa metamorfosis.

Mientras, nada tan necesario como ahuyentar de nosotros la tentación de la amargura. Nada tan esencial como, partiendo de las laceraciones propias de nuestra naturaleza dañada, permanecer fieles a ese anhelo irreprimible de rescate que alienta en el fondo de cada uno de nosotros y al que nombramos con la que, a despecho de la costra de cinismo que parece recubrirlo todo, acaso sea la palabra menos ingenua de entre todas las que hemos heredado de nuestros mayores: esperanza. A algunos nos resulta grata la imagen kierkegaardiana del caballero de la fe, que, a la caída de la tarde, enciende una pipa sentado a la puerta de su casa. Pese al avance de la oscuridad, ninguna sombra de derrota nubla su frente. Se lamenta, sin duda, ante la visión de un mundo en el que declinan ciertos esplendores que hacían de él un lugar más dulce y hospitalario. Pero también sabe, con la inextinguible llama de un conocimiento que opera a través de los siglos, que hay una promesa de resurgimiento prendida a cada amanecer que despunta. Mientras aguarda allí, confiado, sereno, custodio de un hogar abierto a la comunidad de hombres que se reconocen en la proximidad del gesto y la palabra, a su memoria acude aquella máxima de Novalis que no es posible evocar sin un temblor de deslumbramiento: «Hay que estar orgulloso del dolor; cada dolor es un recuerdo de nuestro alto rango».

II

COMBATE

9

UN SIMPLE NO

Los nuevos señores del mundo tienden a pensar que la realidad no es más que un artefacto lingüístico. Niegan que las cosas posean una entidad propia, que de los hechos se deriven, de un modo natural, consecuencias buenas o malas. El resultado de fundar su acción sobre semejantes premisas es la militancia en un relativismo utilitarista que reduce toda cuestión problemática a los términos de una transacción. Las palabras sirven para adquirir poder. Los significados se adulteran en función de los intereses del momento. A la verdad se le sobrepone un conglomerado de vaguedades, mentiras y delirios que, martilleados con una regularidad extenuante, suscitan en las conciencias un prolongado efecto de sedación.

La idea está en Orwell: en el tiempo de los aprendices de brujo, la finalidad del lenguaje es corromper el pensamiento. Y más que corromperlo, imposibilitarlo. Tal fin es, por lo demás, y como no podía ser de otra manera, un fin político. La perversión extrema de esta disposición a manipular las palabras se alcanza cuando el poder recae sobre aquellos que, tras vaciar de sustancia el pasado y sumir el presente en una discordia perenne, maniobran para imponernos un orden nuevo. Es en esa tesitura en la que nos hallamos hoy. La máxima anomalía se conjura con el grado máximo de politización. De ahí que, a una indicación de sus amos, los hacedores de consignas se hayan apresurado a hinchar el idioma con expresiones grandilocuentes: nueva normalidad, desescalada, distanciamiento social... La idea es que sucumbamos entre conceptos de una ampulosidad sublime. La intención es que, al precipitarnos al vacío, lo hagamos consolados por la taumaturgia falsamente terapéutica de unos términos que, no obstante su artificiosidad y su inconfundible sesgo propagandístico, han acreditado, en el escaso tiempo que llevan entre nosotros, una deslumbrante capacidad de penetración.

Se configura, pues, un orden en el que los poderosos, parapetados esta vez tras criterios de escrupulosa asepsia científica, acometerán el enésimo intento de lo que Hannah Arendt llamó «la planificación moderna del paraíso terrestre». Marchamos hacia un despotismo higiénico. En el horizonte despunta una modalidad de servidumbre articulada en torno al carácter incontrovertible de los dictámenes emanados desde un inaccesible oráculo de expertos. Gustosamente, les cederemos la iniciativa de nuestras vidas. Mediante el uso de las técnicas adecuadas, ellos nos indicarán qué pensar, qué hacer, qué sentir. No es descartable que, inmersos todos en un paisaje en el que cada repunte estadístico va a resonar con el clamor de una trompeta que anunciara el desencadenamiento del apocalipsis, cierta incipiente disposición a la colectivización de nuestros hábitos encuentre la excusa idónea para desbocarse. Sin duda, el ya muy cuarteado tejido comunitario sufrirá un deterioro adicional. El espíritu revolucionario del que, según Donoso Cortés, están impregnadas las sociedades modernas pasará a ser gestionado al compás de la pauta que más convenga al Estado. Quizá a la idea de progreso algunos tengan que empezar a superponerle la de duración. Quizá los retazos de la utopía liberadora y de la fantasía de la historia como ámbito total de redención hayan de ser reemplazados por una retórica más modesta y una temporalidad más circunscrita, aunque probablemente igual de falaces.

Durante un período de tiempo que de momento nadie ha tenido la osadía de fijar, deambularemos por el mundo como sombras que se debaten bajo el peso mudo de sus terrores. En todas partes acechará la fatalidad, sólo en la distancia nos sentiremos a salvo. Acabaremos agradeciendo a cualquiera de esas campañas con que la autoridad sanitaria insiste en recordarnos lo precario de nuestra condición la costumbre de mirar a nuestros semejantes como a eventuales portadores de una carga letal, y disculparemos la certeza de la reciprocidad de sus miradas. No será, después de todo, una situación tan insólita. Con la desalentada lucidez que le caracteriza, Michel Houellebecq ha apuntado que lo único que hace la pandemia es abundar en una tendencia que en Occidente ya se hallaba en proceso de cronificación: la obsolescencia de las relaciones humanas. El miedo al contagio, esta vez, nos proveerá de una coartada exculpatoria. A diferencia de episodios de análoga naturaleza a los que se haya enfrentado nuestra civilización, ahora no recurriremos al auxilio de ninguna presencia fraterna, sino que todo lo fiaremos al amparo de un Estado plenipotenciario al que, como contrapartida a los desvelos de su presunto humanitarismo benefactor, estaremos obligados a entregar

–pero me temo que muchos lo harán encantados– parce-
las completas de nuestra intimidad y nuestra conciencia.

Hasta aquí la síntesis de la nueva normalidad que
el lenguaje del poder ha comenzado a delinear en sus
trazos más gruesos. Con el paso del tiempo, puede que
lleguemos a ser conscientes de que cierta dimensión de
nuestras vidas ha sufrido una merma trágica. Juzgaremos
temeraria la insistencia en las antiguas rutinas de las que
solía desprenderse esa afinidad que surge en la proximidad de los seres y las cosas. A la realidad exterior, en
tanto ámbito de las sencillas epifanías en que revierte
nuestro fervor hacia el mundo, nos asomaremos desde
una perspectiva cada vez más cauta. Una semilla de desconfianza habrá quedado incrustada en nuestro interior.
El recuerdo de los días aciagos en que el virus diseminaba
a sus anchas la muerte servirá para que cualquier amago
de rebeldía, cualquier atisbo de cuestionamiento a los
dictados de una autoridad a la que la propaganda habrá
conseguido que pronto percibamos como omnisciente,
queden desactivados al instante.

La enfermedad como sobrevenida palanca del poder,
el pánico a la muerte como vía para establecer una disciplina masiva de pensamiento y acción. Así es como
se manifiesta el rodillo de una lógica instrumental que
no conoce fisuras. En el ocaso de esta civilización, las
fuerzas que se reparten sus despojos modelan a un hombre aislado, dependiente, asustadizo: el arquetipo soñado
por el totalitarismo de matriz tecnológica que se venía
gestando desde hace un tiempo, y al que la pandemia
otorga ahora la última dispensa que necesitaba para per-
mitirle actuar sin trabas. Sin duda, podrá considerarse
afortunado quien, en mitad del repliegue al que buscan

someternos, descubra algún reducto sagrado que valga la pena custodiar. Atrincherado allí, en el absoluto de una conciencia que lucha por preservarse intacta, quizá alcance a comprender el sentido profundo de aquello que Camus nos revelara un día: que en el gesto de articular un simple «no» está contenida, a veces, toda la fuerza necesaria para resistir al Leviatán.

10
MITOLOGÍAS VICTIMISTAS

En el centro de los grandes discursos de poder de nuestra época hay una víctima. No una víctima concreta, encarnada, tangible, sino una idealización estilizada de la figura del sufriente, un ingenioso arquetipo que, rentabilizando la impronta compasiva que la víctima genera, la falsifica y la trasciende. Se trata de un fenómeno que dota a nuestro tiempo de un cariz insólito. La víctima como garantía de inmunidad. La víctima como soporte infalible de toda clase de pretensiones. Antes que ningún otro, René Girard lo expresó en términos inequívocos: «El papel de la víctima es ahora el más deseable».

En el camino que conduce hasta esta singularidad histórica rastreamos algunos hitos esenciales. Ninguno, sin embargo, equiparable al influjo de la potencia transformadora ejercida por el cristianismo. En un ensayo imprescindible para conocer la obra de Girard (*René Girard, maestro cristiano de la sospecha*), su autor, Domingo González, lo sintetiza de este modo: «Frente a la sacralización de la violencia, el cristianismo proclamará la inocencia de las víctimas (…). Se instaura así la legitimidad moral de la víctima de la que se nutre nuestro mundo moderno y contemporáneo, aunque sea para desviar dicha legitimidad al servicio de todo tipo de instrumentalizaciones ideológicas bastardas». Ahora bien, ¿acaso no era la nuestra una época dominada por la implacabilidad de los fuertes? ¿Acaso la fervorosa acogida dispensada por buena parte de nuestros contemporáneos a la crítica que acomete Nietzsche de la moral cristiana no había inducido un desprecio masivo hacia toda manifestación de debilidad que contradijera la tendencia moderna al aplastamiento de los otros? Sin duda. Y para atestiguarlo, no se precisa más que un somero vistazo a las consecuencias, históricamente inéditas, de las pulsiones aniquiladoras que conmocionaron el siglo xx.

Si el siglo xx fue pues el siglo de las víctimas, el siglo xxi está siendo el siglo de la victimización. En el marco del desplazamiento que, según los intereses ideológicos del momento, experimentan ciertas categorías semánticas, el sentido fuerte, categórico, que la condición de víctima adquirió por derecho propio durante el siglo pasado ha sido fagocitado por los astutos artífices de la nueva hegemonía. Se ha producido, en unas cotas de eficiencia insuperables, esa instrumentalización bastarda a la que Domingo González hacía mención en su libro. Los resultados se hallan a la vista. «La víctima es el héroe de nuestro tiempo», afirma, en *Crítica de la víctima*, Daniele Giglioni. «La mitología victimista –dictamina Adriano Erriguel en su impagable *Pensar lo que más les duele*– es hoy una palanca de poder, el primer disfraz de las razones de los fuertes». Pero el peso de unas aseveraciones que refrendan el carácter distintivo del acontecimiento no acaba de clausurar el debate. Se vislumbra, más allá del obsceno aprovechamiento partidista, una cuestión de calado más hondo.

Carl Schmitt nos hizo ver que, una vez la concepción teológica del poder –consustancial al orden medieval– devino inoperante, la historia política de la modernidad se circunscribe al relato de su lucha por arrogarse una fuente de legitimidad definitiva. Es en ese contexto donde la víctima adquiere ahora su entero valor. Cuando ya no hay historias compartidas ni principios estables ni preocupación por el bien común, todo se reduce al despliegue de una ciega voluntad de poder que se sueña a sí misma en el trance de alcanzar una posición inconquistable. En la plena ausencia de ejemplaridad, en el profundo vacío de un mundo sin héroes, es el poder quien sustrae la noción de víctima de la oscuridad en que languidece y la sitúa en el centro de esa realidad emotiva e inconsistente que los medios de control social se encargan de urdir a diario.

Sin duda, el desconocimiento por parte de las masas de los antiguos referentes civilizatorios (religiosos, estéticos, filosóficos o de cualquier otra especie) facilita la maniobra. Ahora bien, si la víctima debe servir a los intereses de una oligarquía que permanece estratégicamente agazapada, no es prudente que cualquiera sea el designado. Quien desde la sombra otorga las potestades sabe bien el rédito que debe obtener de su elección: una coartada moral que, como escribe Domingo González, «le ayude a organizar las persecuciones». Porque la condición de víctima implica, simétricamente, la necesaria concurrencia de un culpable. Y en la identificación de ese culpable, en el hostigamiento dialéctico al que se le somete y en el previsible desenlace en virtud del cual su muerte civil quedará más pronto que tarde decretada, se concentra el meollo de la política contemporánea.

¿Cuál será entonces el perfil idóneo de la víctima? ¿Cuáles los rasgos que ayudarán a identificarla como la depositaria del caudal de autoridad que el poder ansía explotar en beneficio propio? No hay forma de contestar a esas preguntas si no se acepta una consideración previa: que la exaltación de la víctima está ligada a la determinación, obsesiva, de establecer el fin de todos los conflictos sociales. Desde el inicio de su revolución, a lo que los ideólogos del progreso aspiraron fue a la propagación o, más exactamente, a la instilación en la conciencia colectiva de una visión única del mundo. Es a eso, ni más ni menos, a lo que llamamos totalitarismo. A partir de ahí, los patrones culturales que definen la naturaleza de la víctima que mejor se ajusta a semejante intención deben responder a un propósito definido: la disgregación. Los poderosos eligen para la causa que anuncia la plenitud de los tiempos a aquellos colectivos, habitualmente minoritarios, que, al margen de la mayor o menor justicia de sus pretensiones, ayudan a socavar el sustrato de creencias y valores sobre el que se asienta la vida de la comunidad. Desde las instancias donde se juega a programar el devenir del mundo, se promocionan estereotipos imbuidos de una agresividad justiciera, arrebatados por una furiosa insania revanchista. Se les atribuye, como contrapartida a su beligerante labor de demolición, una escala de virtud cuya altura nadie osa cuestionar. Se les provee de un excedente de credibilidad. Se les adorna, en fin, con un superávit de decencia siempre apto para transferir las culpas a los otros, escamotear el peso de la propia carga y eludir las evidencias de la responsabilidad personal.

Los segregados, los apestados, los pobres de antaño apenas interesan ya. Carecen del aura fotogénica que luce esta ultimísima realidad de diseño. Es preferible arrinconarlos, desplazarlos del foco, no vaya a ser que a través de la contemplación doliente de sus llagas caigamos en la cuenta de la impostura que escenifican quienes ahora han sido privilegiados con el monopolio de la queja y el lucrativo usufructo de la indignación. Mejor, más atractivos, los custodios de la posmoderna llama identitaria. Mejor los vociferantes que los silenciosos, los que coaccionan que los apaciguados. Mejor los que, con el característico ardor que se les supone a quienes se comprometen en guerras que saben ganadas de antemano, atacan lo poco que sobrevive del orden previo y facilitan la transformación de los últimos restos de fraternidad comunitaria en convulsas manifestaciones de un individualismo feroz.

Se instituye así una ardorosa casta de insurgentes paradójicamente sostenidos con el estímulo del poder. El inconformismo se domestica, la rebeldía se remunera. Como no podía ser de otro modo, en paralelo al encumbramiento de la víctima subvencionada se produce la devaluación de la víctima real. Y algo más grave que su devaluación: su ocultamiento. Culmina de ese modo la jugada maestra del poder. Se cumple su designio de desmantelar el *ethos* común y eximirse del deber sagrado hacia quienes más precisan de su auxilio. Los enemigos contra los que estas nuevas víctimas arremeten no son, por lo demás, sino gigantes imaginarios, entelequias infladas por la propaganda, fantasmagorías que, con eficacia rotunda, actúan como banderín de enganche de unas masas entusiasmadas con el hallazgo de un enemigo en cuya unánime execración encuentran ellas un elemento de convergencia precaria y un sobrevenido remedo de identidad. Es el triunfo de la abstracción que caracteriza a una época deshumanizada. Es el penúltimo estadio de autodisolución al que nos ha sido dado asistir en este trágico desvanecimiento del mundo.

11

MUERTOS DE SOLEDAD

No sé si alguna vez he conocido la verdadera soledad. Puede que al final de la adolescencia y al comienzo de la primera juventud, cuando el camino que vas transitando se bifurca y de repente te das cuenta de que en la dirección que por puro instinto has escogido ya no te acompaña ninguna de las presencias que solían hacerlo hasta entonces. Es una sensación extraña, desconcertante: mirar a tu alrededor y ver únicamente tu sombra proyectándose ante ti, como un fatal interrogante acerca del contenido que piensas darle a tu vida. Luego el camino vuelve a poblarse de rostros, el miedo se disipa y se siente la cercanía de un rumor de voces nuevas que van dando forma a tu identidad y te proveen de una pequeña reserva de expectativas con las que hacer frente a tus propias inseguridades.

A partir de entonces la soledad me ha parecido un ámbito fértil, una parcela en la que uno se recluye cuando necesita poner distancia con el mundo y dejar que el alma se oxigene. No en vano, la literatura, el pensamiento, siempre han sido un afán de solitarios, una rara propensión al aislamiento en el que uno se interna con la esperanza de encontrar la pista de un hallazgo que –por paradójico que esto pueda parecer– le ayude a comunicarse mejor con los otros. Porque el poema, el relato, la hipótesis filosófica, la sinfonía o el cuadro que se forjan en la soledad y gracias a la soledad, que nunca han existido de otro modo que no sea a través de una casi neurótica y antinatural búsqueda de la propia reclusión, representan en realidad la ofrenda –pobre o fastuosa, efímera o destinada a perdurar– que hace su autor a un mundo con el que anhela encontrarse.

Pero luego hay otra clase de soledad, una que no es ni buscada ni querida, ni ensancha el espíritu, ni arroja frutos agradables al apetito de un público deseoso de acoger testimonios veraces acerca de las laberínticas complejidades del ser. Hay una soledad que horada las entrañas de quienes la incuban, como una carcoma insomne, y se hace presente a poco que uno alce la vista por encima de la línea de sus intereses inmediatos y aplique su mirada a la tarea de traspasar la membrana de lo evidente. No hay duda de que nos daremos de bruces con ella, porque no por nada se trata de uno de los fenómenos más abundantes de nuestro tiempo, pródigo en deformidades. Es la soledad que nace de una época que se ha empleado a fondo en la destrucción de todos los vínculos, que se ha mofado de las lealtades primigenias y ha situado la idea de autorrealización individual en la cima de las aspiraciones personales.

Hija de la industrialización, de la deshumanización inherente a una sociedad mercantilizada y de la despersonalización que trae consigo el hecho de sustituir la noción de bien común por la gestión burocrática del bienestar que impone el Estado, sigue propagándose con la pujanza de una buena nueva que marcara el camino hacia la tierra de promisión. Pero basta una mínima dosis de perspicacia para comprobar la devastación que ha producido. Los ancianos son sus víctimas más evidentes, sin duda; pero también personas cada vez más jóvenes, hipertecnológicas, adictas a los nuevos dispositivos de desconexión que les sumergen en una realidad desprovista de la genuina sustancia de la vida. También ellas habrán de sentirse solas. También ellas, el día en que explote la burbuja de espejismos en cuyo interior se refugian, conocerán el dolor del extrañamiento que acarrea la imposibilidad de establecer lazos perdurables.

En los años setenta, en la Suecia del socialdemócrata Palme, el gobierno puso en marcha un vasto proyecto de ingeniería social destinado a que los hijos se emancipasen lo antes posible de sus padres y pudieran emprender una vida sin ataduras ni servidumbres generacionales. Se cumplía de ese modo la gran aspiración de todo gobierno con ínfulas totalitarias: convertirse en el garante de la felicidad del individuo. Transcurridos unos años, fue necesario crear un organismo gubernamental consagrado a la tarea de localizar a los cientos de personas que cada año mueren en sus casas, en el más absoluto abandono, sin que nadie las eche de menos.

A medida que el proyecto moderno avanza, da miedo pensar que bajo los eslóganes y consignas con que se falsifica la realidad lo que nos estén ocultando sea un páramo inhabitable. No obstante, veremos surgir soluciones imaginativas que nos convencerán de cuán afortunados somos por existir en un mundo urdido con tales mimbres. Lo pienso mientras me viene a la memoria la imagen de esos locales en Japón a los que acuden seres solitarios para pasar una porción de su tiempo acariciando gatos. Me pregunto si no serán ellos los verdaderos heraldos del futuro. Si no viven ya en el alba de una época radiante.

12

UNA BRIZNA DE HEROÍSMO

Los estandartes de la diversidad, los sarcásticos bufones encargados de administrar las consignas que el poder les suministra, muestran escaso margen de tolerancia hacia el diferente. Pero ¿quién es hoy ese diferente? No ciertamente la figura que emerge de los estereotipos con que la barbarie oficial intenta imponernos una versión falsificada de la vida. No las desventuradas almas caídas en la trampa de lo alternativo y cuya visión a distancia tanto suele complacer a aquellos que nunca permitirían que sus hijos se acercasen al centro de ese fuego que todo lo consume.

Para comprender qué es ahora mismo lo diferente se hace necesario tener una noción lo más clara posible de cuál es la materia con la que se ha modelado la mentalidad dominante. Habrá que remitirse entonces al origen de esa potente aleación que se ha generado al fundir los ideales de la revuelta hedonista de Mayo del 68 con las aspiraciones de dominio del capitalismo consumista imperante en el mundo desarrollado desde el final de la Segunda Guerra Mundial. Del híbrido resultante ha nacido un individuo vaciado de su herencia espiritual, culturalmente arrasado y dispuesto para ser rellenado con todo un muestrario de extravagancias que proveen de una identidad –superficial y transitoria, pero identidad al fin y al cabo– a quien ha sido desposeído de sus anclajes esenciales.

En alas de este vuelco histórico, la revolución proletaria ha mutado en revolución cultural que, lejos de limitar su alcance a una propuesta meramente formal o estética, ha socavado los cimientos antropológicos sobre los que se asentaba una cierta concepción de la persona. Aplicándole al fenómeno la etiqueta de «progreso», se le ha dotado de un timbre de legitimidad moral y de un sello de irreversibilidad histórica que sitúa en el campo de los deplorables a todo aquél que, aun absteniéndose de esgrimir un posicionamiento ideológico, se atreva a insinuar la más ligera discrepancia.

Es para los objetores de este estado de cosas para quienes la gamberra armada de chistosos al servicio de la clase dominante reserva los artefactos más devastadores de su arsenal. «Su risa –escribe Alain Finkielkraut– corta las cabezas que sobresalen y castiga, a golpe de caricatura, a todos los retrasados, todos los tardones, todos los reaccionarios, todos los que contravienen con su anacronismo las evidencias socarronas del espíritu del tiempo».

De modo que la pregunta es: ¿quién va a querer ser sorprendido formando parte del pelotón de los rezagados? ¿Quién va a exponerse, por la insistencia en defender unos principios distintos a los que impulsan la marcha de los tiempos, a la mofa que hunde en la vergüenza y en la humillación? Porque ése sería, hoy, el verdadero diferente. El que se niega a quedar atrapado en el cepo del igualitarismo con el que las élites siguen agrandando la fractura que les distancia del resto de los mortales. El que custodia algún reducto a salvo de la demagogia, la chabacanería y la estupidez. El que busca para los suyos un futuro distinto al de la indigencia educativa que parece resuelta a depararles nuestra época. El que abraza en la vida un compromiso de permanencia hacia ciertas formas de entender las relaciones con los demás. El que no se deja cegar por el espejismo de una libertad otorgada en razón de los supuestos derechos que dispensa el Estado, y persigue aquella otra que se conquista a través del empeño en forjarse una personalidad insobornable. El que se reconoce a sí mismo en la fidelidad a unos principios antes que en el ansia de una aceptación unánime. El que trata de someter su voluntad a la integridad de una norma. El que preserva un espacio para el cultivo del silencio y la introspección. El que descubre el esplendor de lo que importa en algún detalle ínfimo. El que venera la verdad y rinde honor a lo que es bueno en sí. El que, en medio de la oscuridad más cerrada, aprieta los dientes y cree.

No estoy describiendo a ninguna figura revestida de un aura de pureza intachable. A fin de cuentas, salvo unos pocos elegidos, todos vivimos inmersos en la corrompida atmósfera de contradicciones que marca el devenir de las épocas de cambio. Pero reconozcamos que hay al menos una brizna de heroísmo en aquél que, sobreponiéndose a la presión del entorno, toma conciencia de su responsabilidad, calibra el alcance de los riesgos a los que se enfrenta e intenta adentrarse por un camino diferente. Es a ése al que los jocosos pelotones de la irreverencia intentarán marcar con el estigma del ridículo y la marginación. Porque a la clase de poder de la que hablamos no le basta con apropiarse de las cosas. Cuando acaba el expolio material, ya sólo piensa en adueñarse de tu alma.

13

EL ÁTICO

Ediciones Monóculo acaba de cumplir su primer año de vida y para celebrarlo los editores organizaron un acto, entrañable y sencillo, al que acudió un buen puñado de amigos y, entre ellos, algunos de los escritores que hemos tenido el privilegio de publicar en la joven editorial. En los corrillos que se fueron improvisando a lo largo de la noche estuvimos glosando, entre otros asuntos, el contexto de derrumbe general al que parecen abocarnos los tiempos. No creo traicionar el espíritu de las intervenciones si afirmo que el tono no era específicamente de derrota, sino más bien descriptivo, unánime en la constatación de la debacle, aunque salpicado con alguno de esos arabescos irónicos que siempre ayudan a refrenar la tendencia a encallar en el fatalismo.

Hay ocasiones en que una imagen fija el perfil de la realidad con mayor exactitud que una reflexión extensa y argumentada. Eso fue lo que ocurrió en cierto momento de una de esas conversaciones. Alguien mencionó la descomunal labor de ingeniería ideológica que ha transformado la sociedad durante las últimas décadas y fue entonces cuando otro de los presentes sacó a colación el ático. Dijo –y aquí me tomo la licencia de transcribir un fragmento de una conversación privada– que casi todos habitamos en las alturas intermedias de un edificio de varias plantas. Allí transcurre nuestra vida la mayor parte del tiempo, previsible y ordenada, envuelta con frecuencia en un vaporoso halo de gregarismo sin el cual la existencia colectiva resultaría inviable. Pero por encima de ese nivel, en lo más alto del edificio, hay un ático, y en ese ático está todo lo que nos eleva sobre nuestra condición funcionarial. Allí se residencian las aspiraciones que están por encima del interés utilitario, de los cálculos materiales y de los apremios de la satisfacción psicológica; allí se localiza el apego a determinadas virtudes y la insistencia en ciertas costumbres y lealtades sin las cuales acabaríamos no sabiendo quiénes somos; y allí, por descontado, se ubica nuestra idea de Dios.

Es posible –agregó nuestro interlocutor– que en ese ático la luz permanezca apagada durante mucho tiempo, años incluso, pero en cualquier instante puede volver a encenderse y, aunque parezca una afirmación de Perogrullo, la posibilidad de que ello suceda depende de un único factor: de que el ático siga ahí.

Pues bien, a lo que la ideología hegemónica se ha dedicado desde que se hizo con el control de la práctica totalidad de los medios de propaganda y adoctrinamiento es a demoler ese ático. Han conseguido confinarnos en una atmósfera lúdica, estupefaciente, urdida a la medida de sus intereses. Allí pasamos el tiempo, un tanto apelotonados, como una agregación de individuos unidimensionales, como el proyecto de masa indiferenciada en la que aspiran a convertirnos, más o menos satisfechos con las comodidades materiales de las que se nos permite disfrutar por el momento y cebados con la papilla ideológica que nos suministran a todas horas.

Por supuesto, el estado de conformismo intelectual al que aboca este orden de cosas implica la renuncia a dirigir la mirada hacia un nivel más alto. El ático ha sido desmantelado, pieza tras pieza, de modo que sobre nuestras cabezas se abre un inmenso espacio sin márgenes, sobrecogedor en sí mismo, pero frente al cual hemos sido instruidos (¿amaestrados?) para reaccionar con indiferencia.

Desprovista de la densidad que le confiere el sentido del misterio, la existencia se empobrece en todas sus dimensiones. La curiosidad se extingue. La vida de la imaginación languidece. Los rituales se vuelven incomprensibles y finalmente se abandonan. Como aliciente vital, al individuo no le queda sino la posibilidad de creerse protagonista de un proceso de emancipación en el que, en realidad, en todo momento se le está dictando lo que ha de hacer, además del recurso de participar en ocasionales escapadas a los sótanos del edificio para aliviar allí sus apetencias menos confesables.

La imagen del ático brilló como un relámpago y luego se extinguió con la misma prontitud con la que había surgido. Pero su fulgor tuvo algo de epifanía, de inspiración clarividente. Desveló la esencia de un tiempo. Nos brindó la ocasión de contemplar el desabrido rostro de una época que, creyendo rebelarse, no hace otra cosa que malvender su libertad a los nuevos señores de la historia.

Quizá ya sea hora de poner manos a la obra y empezar a reconstruir ese ático.

14

EL FIN DE LA ERA
DE LOS GRANDES LIBROS

———

El ser humano necesita inscribir su acontecer en un contexto dotado de sentido. Necesita la seguridad que le proporciona el reconocimiento de un entorno poblado de referencias familiares. No sólo las existencias concretas, sino también y ante todo los grandes dominios civilizatorios se han configurado alrededor de esta premisa. Lo que llamamos cultura es pues, en un sentido amplio, un acervo de claves compartidas que dotan a la realidad de una textura coherente. Tales claves, al menos en lo que atañe a nuestra configuración histórica, han hallado su fundamento en la preeminencia de un canon textual. Lo que entendemos por textos fundacionales (la *Biblia* y la *Ilíada*, el derecho romano o los diálogos de Platón, entre otros) han merecido esa denominación en la medida en que han acreditado su capacidad de dar respuesta –y una respuesta asombrosamente fecunda y no siempre unívoca– a una de las necesidades más distintivamente humanas: la de transformar en materia inteligible la ardua desmesura de lo informe.

Nuestra cultura es pues –no sólo, pero sí en lo fundamental– libresca. Su facultad para vertebrar la vida comunitaria y delimitar el contorno de un espacio de convivencia relativamente homogéneo ha venido cimentándose sobre un catálogo no demasiado extenso de libros. Este dato le confiere al fenómeno una impronta peculiar. En los grandes relatos y poemas de nuestra tradición, en las fabulaciones épicas de origen griego y romano y en la nómina de textos inspirados procedentes de la tradición judeocristiana, han encontrado las sucesivas generaciones un venero de sabiduría y un espejo de virtudes a partir de las cuales proyectar un atisbo de luz sobre el persistente enigma de su peregrinar por el mundo.

Pero hay más. Porque esos textos, al margen de ofrecer modelos de conducta dignos de emulación y constituirse en uno de los grandes pilares de la identidad colectiva, eran fuente de autoridad. Eso significa que establecían límites a la acción del poder, y no era infrecuente que éste, impulsado por la pretensión de alojar sus dictámenes bajo una cobertura legítima, se viera obligado a invocarlos como precedente y a atenerse a los principios morales que emanaban de ellos.

¿Qué ha ocurrido en nuestra época? En primer lugar, y de manera paulatina, los textos clásicos han corrido la única suerte que un tiempo obnubilado por la noción de la tabla rasa podía depararles. Una cita de Peter Sloterdijk nos sirve para encuadrar el acontecimiento: «Dondequiera que resurge el interés por la desheredación y el nuevo comienzo estamos siempre en el suelo de la modernidad auténtica». Lo propio de la modernidad sería, por tanto, la condena inapelable del pasado con vistas a la cristalización de un inminente espacio edénico, de una fraternidad universal aligerada tanto de cualquier sombra de duda acerca de la idílica condición del hombre, como de las «polvorientas» jerarquías que los textos clásicos consagraban y que ahora, tras el triunfo del espíritu igualitario que define a la era democrática, resultan intolerables.

Sin embargo, con el transcurso de los años la modernidad –ese tiempo tan pretendidamente incrédulo– acabó por erigir sus propios altares, repletos de los innumerables ídolos amasados con la dúctil arcilla que le suministraba su mito germinal: el progreso. El culto a lo útil, producto del talante materialista que se ha adueñado del presente, se ha superpuesto así a cualquier otra inquietud que pudiera alentar en lo profundo del hombre. Entretanto, y de un modo hasta cierto punto paradójico, el vertiginoso desarrollo económico que ha conocido Occidente ha corrido parejo a un proceso de lento pero inexorable declive cultural. Esta situación encuentra su reflejo exacto en los planes de estudio de la mayor parte de los países ricos. En ellos, las disciplinas humanísticas han sido poco a poco orilladas, desplazadas hacia los márgenes de una sociedad que, crecientemente tecnificada a la vez que idiotizada por la cháchara de la utopía pedagógica que promueven los actuales amos de la política, permite que una raza de demagogos al servicio exclusivo de las ambiciones más mezquinas malogre un tesoro de siglos.

Contra lo que constituye la creencia más común, los frutos de esta devastación perfectamente planificada exceden los límites de una simple merma en el nivel medio de los conocimientos generales. En *La escuela de la ignorancia*, Jean Claude Michéa va a la raíz del asunto cuando afirma: «Dicha crisis (la de la escuela) forma parte del movimiento histórico que, además, desintegra las familias, descompone la existencia material y social de los pueblos y los barrios, y de manera generalizada destruye progresivamente todas las formas de civismo que, todavía hace unas décadas, condicionaban buena parte de las relaciones humanas». De lo que hablamos, por tanto, es de una crisis de la civilización cuyas consecuencias desestructuradoras son el paisaje cotidiano (visible en la mayor parte de nuestros centros educativos, constatable en el tono habitualmente sonrojante de la programación televisiva, omnipresente en la acelerada degradación de las instituciones y de la vida pública, por citar sólo algunos ejemplos) de eso que llamamos la posmodernidad.

Aquellos textos sobre los que se asentaba una manera de entender el mundo son ahora despreciados como inservibles reliquias que remiten a épocas extintas. Quizá no comprendemos que su conocimiento representa algo mucho más importante que la vía de entrada para unos pocos eruditos a una visión arqueológica del pasado. Esos textos nos siguen hablando de lo que somos. Dada su naturaleza intemporal, representan, además de una fuente primordial de sentido, la posibilidad del disfrute de una experiencia de enriquecimiento interior cuyo acceso a todos los sectores de la población –y, muy en especial, a los menos favorecidos económicamente– debería quedar garantizado por un sistema educativo que de verdad se interesase por la calidad de lo que ofrece.

Pero quizá la expresión de este deseo suponga un ejercicio excesivo de ingenuidad en mitad de un panorama dominado por el triunfo de los poderes disolventes. La crisis más profunda que nos afecta no es de naturaleza económica, ni siquiera política, sino moral y espiritual, y en ella ocupa un lugar muy destacado el hecho de que toda una concepción de la cultura, entendida como expresión del anhelo de alcanzar la verdad, la justicia y la belleza, haya sido barrida de nuestras vidas, aniquilada por el signo relativista de los tiempos. ¿Qué hay entonces, en ausencia de textos que nos interpelen, que nos hablen a lo más íntimo que cobijamos? Hay el relato. En este crepúsculo de la conciencia que nos ha tocado habitar, el relato es el instrumento con que un poder inmerso en el estadio más bajo de su degeneración manipula la realidad y crea un universo de apariencias mendaces. Es el relato el que, en pleno tiempo de la posverdad, siembra la cizaña, fractura la sociedad en facciones irreconciliables y consigue –para desmoralización de quienes perciben lo tosco y nocivo de la maniobra– que lo mediocre y andrajoso luzca cada día con las galas resplandecientes de un valor de futuro.

«Por este camino –pronosticaba Nuccio Ordine en su ensayo *La utilidad de lo inútil*– se acabará liquidando la memoria a fuerza de progresivos barridos que conducirán a la amnesia total. Desaparecerá de entre los seres humanos todo deseo de interrogar el pasado para comprender el presente e imaginar el futuro. Tendremos una humanidad desmemoriada que perderá por entero el sentido de la propia identidad y de la propia historia». Es algo de lo que ya estamos siendo testigos. Sin memoria de sí, sin otros referentes que las cambiantes versiones de los hechos que el poder le suministra a su conveniencia, nuestra sociedad se precipita en el abismo de una noche cerrada. Orwell, a quien las dificultades y desencantos de su experiencia personal y política no le privaron de un espíritu beligerante y animoso, dejó escrito que, en lo sucesivo, para aquellos que quisieran elevarse a una versión más completa y exigente de su propia persona, la tarea esencial habría de consistir en «trabajar para establecer una nueva forma de sociedad en la que la decencia común vuelva a ser posible». Es decir, persistir, en la medida de las posibilidades y las fuerzas de cada cual, en el empeño de una vida a contracorriente. A fin de cuentas, no otra es la tarea que en las épicas narraciones de antaño solía asumir el héroe: sobrellevar la carga del conflicto; perseverar en la virtud; prender una aislada llama de esperanza en mitad de los tiempos más oscuros.

15

PARA QUÉ SIRVE HOY
EL ESTADO

Ochenta mil viviendas *okupadas* parece una cifra suficiente para que nos preguntemos cuál es ahora mismo el papel del Estado en España. Ya sabemos lo que sus defensores a ultranza suelen responder a eso: educación y sanidad. Pero en el origen del Estado moderno hay otra cosa. La obsesión que mueve a Thomas Hobbes, su creador en el plano teórico, es la gestación de un poder capaz de neutralizar los múltiples conflictos que asolaban Europa durante el siglo XVII. El Estado nace, pues, para garantizar la seguridad de sus súbditos y propiciar la creación de un orden distinto a aquél donde impera la ley del más fuerte.

Sin un mínimo de seguridad, la vida resulta una experiencia aterradora. Se piensa muy poco en esto. Los actuales apologistas del Estado suelen resaltar su faceta igualitaria y la proyección que dicha faceta adquiere como elemento generador de cohesión social. Pero obvian, un tanto alegremente, la necesidad del entramado de garantías en que todo se sostiene y el elogio merecido a los rudos hombres que las hacen cumplir. Hobbes concebía el Estado en unos términos bastante modestos para lo que estamos acostumbrados hoy. Luego, con el correr del tiempo, el Estado ha desbordado ampliamente sus límites iniciales y se ha expandido hasta colonizar la casi totalidad de las esferas de la existencia, tanto pública como privada.

A medida que acontece este fenómeno se produce un hecho determinante: el Estado aprende a disimular su talante coercitivo bajo una máscara benéfica. Va en busca de una legitimidad que le autorice a inmiscuirse en la mayor cantidad de espacios posibles. Es el «Ogro filantrópico» al que se refería Octavio Paz. Es un Leviatán, sí, pero menos áspero, que ya no se limita a velar por tu seguridad, sino que cuida en todo momento de ti (Estado terapéutico), te enseña a distinguir el bien del mal (Estado moralista), te instruye hasta en los aspectos más nimios de la vida (Estado pedagógico), y, en los últimos peldaños del itinerario ascendente hacia el cielo de su santificación, acomete el objetivo de hacerte feliz (Estado total).

Existe, sin embargo, una doble contrapartida al carácter omnipotente de la deriva estatista que asumen los regímenes modernos. La primera, obvia, es que la expansión del Estado se hace a costa de la sociedad, es decir, de aquello que no es Estado. Los contrapesos al poder se debilitan y el «Dios mortal» –según la categórica definición de Hobbes– se transmuta en un ídolo intocable que exige formas de adoración que lindan con el servilismo más abyecto. Pero la idolatría es incompatible con la libertad, especialmente con la libertad política, de donde surge una controversia en cuya resolución la mayor parte de las sociedades llamadas democráticas se juegan ahora mismo su destino.

El segundo momento problemático tiene su origen en lo anterior. Al abrazar una ambición que no reconoce límites, el Estado se vuelve víctima de su propia desmesura.

Ya no alcanza a dar respuesta a las necesidades básicas que se había comprometido a cubrir. Surge así un panorama en el que empieza a hablarse de la insostenibilidad de las pensiones, o en el que una parte creciente de la seguridad se tiene que transferir a manos privadas, o en el que la sanidad se sitúa al borde del colapso, o donde los gobiernos renuncian al control efectivo de las propias fronteras, o en el que los padres descubren que el sistema público de educación –hasta no hace mucho una formidable herramienta de promoción social para las clases menos pudientes– no sólo ha dejado de garantizar el acceso al mercado laboral, sino que, en demasiados casos, ni siquiera provee a sus beneficiarios de una formación medianamente solvente. De manera magistral, Jorge Sánchez de Castro ha descrito esta involución como una vuelta paulatina al estado de naturaleza.

Así las cosas, sucede algo paradójico: cuanto más ineficaz se revela, más se empeña el Estado en hacerse presente en nuestras vidas. Deviene una maquinaria fuera de control que, singularmente en manos de los gobiernos autodenominados progresistas, se dedica a evacuar leyes sin tasa que primero desconciertan a la sociedad, luego la desmoralizan y finalmente la anestesian. Cuando la ley universal de la entropía («todo tiende a degenerar») se cumple en su máximo alcance, una casta de ineptos arribistas accede al poder y el Estado asume entonces las propiedades disolventes características de un ente que se permite legislar contra los intereses de quienes sufragan su altísimo coste. Yendo por lo breve y en palabras de Gómez Dávila: «El Estado moderno es la transformación del aparato que la sociedad elaboró para su defensa en un organismo autónomo que la explota».

Al final, nos encontramos con una sociedad fractu-
rada en virtud del veneno disgregador que la ideología
ha introducido en su seno. El sentido común desaparece.
Las cosas dejan de verse como son. La iniciativa personal
se asfixia en un clima de mediocridad estratégicamente
auspiciado por el poder. Las personas se aíslan. Cada
cual busca salvarse por su cuenta. Se propaga una desmo-
ralizadora impresión de ruina colectiva que encuentra su
plasmación real en la losa del endeudamiento atroz que
nos lastra hoy y que heredarán las generaciones futuras.
El pesimismo se generaliza y la demografía toca suelo. La
confusión campa a sus anchas porque los fundamentos
antropológicos de la especie y hasta las evidencias bioló-
gicas más palmarias son cuestionados. Consumir –experiencias o bienes materiales, tanto da– es el recurso al que
acude la sociedad como narcótico con el que sustraerse
a la desolación espiritual y a la dramática ausencia de
expectativas. Las grandes corporaciones, conscientes de
la idoneidad del momento, aprovechan la tesitura para la
promoción de los valores que más rentables les resultan:
el narcisismo, la idea de una falsa autoemancipación,
la búsqueda de la identidad personal a través del consumo incesante, etc. Mientras, la vida, la vida real con
toda su ineludible problemática, y también la vida como
proyecto de trabajo, familia y vivienda propia, adquiere
unos tintes tan sumamente precarios que para una parte
considerable de los jóvenes se acaba convirtiendo en la
realización de un imposible.

¡El remedio? Lo ignoro. Pero sea cual sea, tendrá que
pasar por una vuelta a los vínculos naturales. Por una
recuperación del sentido de la realidad y un esfuerzo
de la imaginación que ensanche las posibilidades de la

política. Por una restauración de todas aquellas palabras cuyo calado moral el poder ha corrompido a conciencia. Y, sobre todo, habremos de aprender a hacer frente a las necesidades de quienes tenemos más próximos no con la retórica falaz y mancillada de las grandes proclamas, sino con una propuesta cierta de arraigo, con un gesto inmediato y limpio de auxilio y fraternidad.

16

ESCENAS EN UN
CENTRO COMERCIAL

No te dejes arrastrar por tu sentido de la justicia. Aplica a tus emociones un distanciamiento preventivo. No te indignes –al menos no emitas ninguna señal de tu indignación– hasta comprobar que el clima social concuerda con el cariz de tus sentimientos. No te precipites en la exposición de tus juicios. Trata de refrenarte. Y no porque albergues alguna duda acerca del carácter absolutamente abyecto del hecho que ha provocado en ti esa reacción, sino porque la destinataria de tu sinceridad es una sociedad que, en buena parte, lleva décadas permitiendo que las nociones más básicas de la moral y la justicia se corrompan por culpa del veneno de la ideología y de los intereses políticos del momento.

De modo que si una niña de once años es violada a punta de navaja en los servicios de un centro comercial de Badalona por un grupo de menores; si esos menores graban la violación y difunden las imágenes a través de sus móviles; si entre las decenas de personas que ven esas imágenes nadie denuncia los hechos; si a raíz de que el hermano de la niña tiene acceso al vídeo con la escena de la violación y avisa a su familia, resulta que debe acudir cada día escoltado al instituto porque ha recibido amenazas anónimas en su teléfono; si te enteras de que uno de los agresores comparte instituto con el hermano de la niña, pero no lo van a trasladar de centro porque es menor de 14 años y, por tanto, inimputable; si lees que la Consejería de Educación, a través de la inspección educativa, «está tomando las medidas necesarias, pero no concretan en qué consisten esas actuaciones»; si escuchas, en fin, que el alcalde de Badalona (a la sazón, un representante de una formación política de «progreso»), ante la posibilidad de que la familia se vea obligada a abandonar la ciudad, le haya ofrecido «su apoyo incondicional y acompañamiento a cualquier decisión que tomen», tú no te sulfures, no alces la voz, no te precipites. Que no se te ocurra mencionar la podredumbre que rezuma todo el asunto.

Mejor deja primero que hablen los que saben. ¿Y quiénes son los que saben? Los de siempre. Los que llevan años marcando la pauta, pontificando acerca de lo que es aceptable pensar. Los puros de corazón, los irreprochables, los valedores de todas la causas justas, los que exudan superioridad moral por cada uno de sus poros, pero también –si así les conviene– los intelectualmente solventes para evaluar cada situación de acuerdo a parámetros complejos que tú, desde tu visceralidad y tu pobre condición primaria, estás incapacitado para sopesar.

Ellos te dirán que vayas con calma. Te dirán que cuidado con las reacciones en caliente (ahora sí, en otros casos anteriores no), que la culpa es de la pornografía, que hace falta más educación sexual, que las acciones punitivas no solucionan nada, que abordar el problema desde el prisma de la seguridad es un fracaso (de lo que se deduce que el Estado ya no se compromete a garantizar la seguridad de los ciudadanos a cuyo servicio se supone que está), que es necesario un análisis profundo y templado para entender «qué nos está pasando como sociedad».

Así que dejamos que ellos nos convenzan. Que hagan sus análisis, minuciosos, científicos, ponderados. Que evalúen todas las variables y transformen al monstruo en una anomalía sociológica. Por otra parte, ya sabemos lo que significa vivir en una sociedad relativista, y ésta lo es como pocas: aceptar que no hay certezas sólidas; y también comprender que, por eso mismo, y en cuanto al poder le interese, se puede producir –de manera lenta, gradual, incontenible– un giro en la percepción de las cosas, un sutil desplazamiento en virtud del cual la víctima se podría convertir en culpable y el culpable asumir la condición de víctima.

De modo que no te expongas a ser tachado de extremista por atreverte a reclamar de nuestra clase gobernante una leve muestra de decencia. Pero, al menos, piensa en esa niña. Pensemos todos. La niña que aquella tarde iba mirando los escaparates de ropa de un centro comercial. Once años, recuerda. Ilusionada con la posibilidad de comprarse algo. Despreocupada. Es probable que sintiéndose protegida por la luminosidad del recinto y el flujo constante de gente que cruzaba en todas direcciones. Pensemos en lo que debió de sentir cuando vio a aquellos sujetos rodeándola, susurrándole alguna obscenidad, mostrándole una navaja, amenazándola, conduciéndola hasta el interior de uno de los servicios del centro comercial. Y lo que sucedió allí, las risas, las vejaciones, el móvil con que uno de los agresores la grababa, el peso del dolor y de la infamia que quedará en el fondo de su memoria para siempre. Y piensa en el hermano, cuando vio las imágenes de aquello. Y en sus padres. Y en el desamparo absoluto en el que deben de sentirse ahora mismo para estar sopesando la posibilidad de marcharse lejos.

La niña cuyo ultraje no provocará grandes movilizaciones ni exhibición de pancartas ni gritos soliviantados en las calles, al contrario de lo que ha ocurrido otras veces. Y vete a saber por qué. La niña. Pensar en ella. Cuando otros ya nos han dicho qué es lo que tenemos que opinar, es un deber pensar en esa niña.

17

RECUPERAR EL NOMBRE
DE LAS COSAS

El término neolengua fue acuñado por el escritor británico George Orwell, quien en su novela *1984* lo introdujo para dar cuenta de uno de los instrumentos de que se sirve el poder para modelar la mente de los ciudadanos. Con un sentido de la anticipación que habla bien a las claras del alcance de su genio visionario (la novela se publicó en 1949), Orwell comprendió que en el mundo que se avecinaba cualquier forma de opresión que aspirara a lograr un control absoluto sobre la conciencia de las masas debería hacerlo a través de la manipulación del lenguaje.

Un fragmento de la novela ilustra con nitidez esta tesis. Dirigiéndose a Winston –el protagonista del libro que no tardará en empezar a dudar de las bondades del régimen bajo el que vive sometida una parte de la población del planeta– un personaje que trabaja en la elaboración de la neolengua le hace notar:

> No aprecias la nuevalengua en lo que vale, Winston. Piensas en viejalengua hasta cuando escribes. No comprendes la belleza de la destrucción de las palabras. ¿No

ves que el objetivo final de la nuevalengua es reducir el alcance del pensamiento? Al final conseguiremos que el crimen del pensamiento sea literalmente imposible, porque no habrá palabras con las que expresarlo. Todos los conceptos necesarios se expresarán exactamente con una palabra cuyo significado estará rígidamente definido y cuyos significados subsidiarios se habrán borrado y olvidado. Cada año habrá menos palabras y el rango de la conciencia será cada vez más pequeño.

El fragmento contiene varias referencias en las que merece la pena detenerse. La primera es aquélla que alude a «la destrucción de las palabras» y la califica de «bella». Esta constatación es clave porque sitúa en la base de la neolengua un concepto que viene a definirla: el de destrucción. La neolengua no se sustancia como creación, sino como destrucción de lo dado. La neolengua consiste, primeramente y ante todo, en la supresión masiva de palabras para, en un estadio subsiguiente, alcanzar una simplificación tal del pensamiento que haga imposible cualquier desviación de la ortodoxia. Este proceso de amputación se adjetiva, además, como «bello», con lo que ingresamos en el terreno de la barbarie. Pues bárbaro no es sino aquél que se afirma a través de la destrucción.

Una vez eliminadas las palabras, el resultado natural es una limitación del pensamiento. A menor cantidad de palabras, menor número de ideas susceptibles de ser difundidas, sencillamente porque no llegan a ver la luz y mucho menos a articularse a través de una secuencia coherente. De ese modo, sin necesidad de coacciones explícitas, surge un individuo incapaz de pensar por sí mismo, sometido a las directrices del poder no sólo en su conducta, sino en su intimidad más sagrada, en su acervo de creencias y valores y hasta en sus sentimientos personales; es decir, en aquello que fundamenta su ser. Es éste un sometimiento que el sujeto interioriza hasta el punto de operar en él de un modo instintivo, como un reflejo condicionado. En otro pasaje de su distopía, Orwell lo sintetiza así: «A los miembros del Partido se les exige no sólo que tengan las opiniones correctas, sino los instintos correctos. Si se trata de alguien ortodoxo por naturaleza, sabrá en cualquier circunstancia, sin pararse a reflexionar, cuál es la creencia verdadera o la emoción deseable. Pero, en cualquier caso, el elaborado entrenamiento mental, llevado a cabo desde la infancia, le vuelve incapaz de pensar con demasiada profundidad en algo».

El fruto de este empobrecimiento radical del lenguaje cristaliza, pues, en una secuencia lógica: en primer lugar, hay menos ideas; en segundo lugar, éstas son de naturaleza superficial; y, por último, las cada vez más escasas nociones que calan en el individuo tienen como objeto su subordinación incondicional a un modo de pensamiento único.

Empobrecido el lenguaje, simplificado el pensamiento, desembocamos en una realidad de seres indistinguibles. Se trata de un estado de indiferenciación cultural y social que nos arroja a un mundo donde los matices se desvanecen. Cabe mencionar que, antes que por Orwell, esta tendencia a la uniformización ya fue denunciada por Alexis de Tocqueville como una de los elementos constitutivos de los regímenes democráticos. En un pasaje de *La democracia en América* (1835-1840) afirma: «En las democracias, todos los hombres son semejantes y hacen poco más o menos las mismas cosas. El aspecto de la sociedad norteamericana parece agitado porque los hombres y las cosas cambian sin cesar, pero resulta monótono porque todos los cambios son iguales». Y un poco más adelante, añade: «Todo cuanto digo de los americanos es aplicable, por lo demás, a casi todos los hombres de nuestros días. La variedad desaparece de la especie humana; las mismas maneras de obrar, de pensar y de sentir se dan en todos los rincones del mundo».

Hay que puntualizar no obstante que esta corriente uniformizadora no supone de entrada un factor necesariamente negativo. Para que se pueda hablar de la existencia de una sociedad, debe darse en su seno un cierto nivel de homogeneidad. En *La democracia en América* se lee también: «No hay sociedad más que cuando los hombres consideran un gran número de cuestiones bajo el mismo aspecto; cuando respecto a numerosos asuntos tienen las mismas opiniones; cuando, en fin, los mismos hechos originan en ellos las mismas impresiones y los mismos pensamientos».

Entonces, si esto es así, es decir, si las democracias, por la misma inercia que les es propia y que Tocqueville describe de una forma tan clarividente, tienden a una igualación de los modos de vida y de pensamiento; si por un lado denunciamos que la neolengua constituye un instrumento de nivelación de las conciencias y, por otro lado, constatamos que sin un determinado grado de homogeneidad la vida en sociedad resulta inviable, ¿dónde radicaría la originalidad de la propuesta que Orwell nos hace llegar a través de su novela? Sin duda en un fenómeno que, a diferencia de Tocqueville, a él le tocó conocer de primera mano, y que no es otro que la irrupción en los dominios de la historia de los dos grandes totalitarismos del siglo xx. A partir de la experiencia del nazismo y del comunismo, Orwell supo ver que el mundo corría el riesgo de encaminarse hacia una forma de despotismo que, sin recurrir al recurso de la intimidación física, amenazaba con desembocar en un sistema de control absoluto sobre la población a través de la transformación de las conciencias. Y la clave de bóveda de ese nuevo sistema iba a ser el lenguaje.

Bajo la premisa de que «el poder construye la realidad con sus palabras», tal como sentencia Dalmacio Negro, la lengua deja de ser un instrumento de creación de un espíritu común, un *ethos* que haga posible la convivencia, y se transforma en una herramienta que divide al cuerpo social, genera versiones de la realidad acordes a intereses particulares y adjudica al disidente (es decir, al que se aparta de la única línea de pensamiento que el poder decreta permisible) la nefanda condición de enemigo. En síntesis: *1984*.

El punto culminante del proceso en virtud del cual la neolengua adquiere las características de un mecanismo de control y censura a escala masiva se identifica con el momento en que alcanza a convertirnos en censores de nuestra propia conciencia. Es éste un hecho decisivo. En su distopía, Orwell le da el nombre de «doblepiensa» al fenómeno en razón del cual el individuo acepta que algo claramente falso es verdadero, o que dos ideas contradictorias son a la vez correctas. Su éxito aparece vinculado al surgimiento de una nueva forma de escrutinio íntimo: la del sujeto que se autocastiga cuando se sorprende a sí mismo en el trance de cuestionar el estado de cosas vigente. La neolengua revela así su faz más terrible, la propia de un mecanismo persecutorio asumido hasta tal extremo por el conjunto de la ciudadanía que ésta, inmersa en una deriva esquizoide, llega a otorgar a las mentiras que propaga el poder un rango de incuestionabilidad superior a las evidencias mismas de los hechos.

Pues bien, este mundo de interpretaciones desquiciadas, saturado de significantes vacíos y regido por una férrea teología de lo punitivo es ya el nuestro. Fieles a su vocación totalitaria, los proxenetas del lenguaje se han tomado el máximo interés en no dejar que un solo resquicio de nuestra existencia permanezca a salvo de la podredumbre de su aliento. Pero la adulteración del lenguaje nos condena a la servidumbre de unas vidas empequeñecidas, circunscritas a los viciados límites de la cárcel mental donde nos confinan los nuevos gendarmes del Bien. Si aspiramos a modificar el signo de la época, habrá de producirse una vuelta a las raíces del ser. Será preciso entonces rescatar las palabras de la degradación en que las ha sumido la caterva de manipuladores que se ha apropiado de ellas para sus fines espurios, de manera que, una vez rescatadas, puedan de nuevo expresar las verdades más hondas de lo humano.

No habrá auténtica libertad mientras se siga transigiendo con la mentira institucionalizada. Las palabras que vertebran el debate acerca de los asuntos comunes han de volver a designar la esencia de las cosas. En un tiempo carcomido por el cáncer de la mendacidad y el íntimo deseo de las masas de ser tratadas como esclavos, Ernst Jünger dejó escrito este párrafo memorable:

> El lenguaje forma parte de la propiedad del ser humano, de su modo propio de ser, de una patria que le toca en suerte sin que él tenga conocimiento de su plenitud y

riqueza. El lenguaje se asemeja no sólo a un jardín con cuyas flores y con cuyos frutos se reconforta el heredero hasta su más avanzada edad; el lenguaje es también una de las grandes formas para todos los bienes en general. Así como la luz hace *visible* el mundo y su figura, así el lenguaje lo hace comprensible en lo más íntimo, y no cabe prescindir de él, pues es la llave que abre las puertas de los tesoros y secretos del mundo. La ley y el dominio en los reinos visibles y aun en los invisibles comienzan con el poner nombre a las cosas.

18

DEJARNOS SIN AIRE

La literatura universal está plagada de textos que nos avisan de nuestra condición mortal. Presentan el curso de los días como un camino sembrado de penalidades al cabo del cual nos aguarda la muerte. Y con la muerte, el olvido. Y con el olvido, la futilidad de nuestros afanes por alcanzar una notoriedad que, en el mejor de los casos, no ha de resultar a la postre más que un espejismo efímero. Si la destrucción de las humanidades no hubiera alcanzado el estado de devastación al que finalmente han conseguido reducirla los sucesivos gobiernos de progreso, hoy la mayor parte de nuestros jóvenes conocerían el nombre de los tópicos que, en el transcurso de los siglos, han venido dando forma a esa lúcida concepción de lo humano: *tempus fugit, omnia mors aequat, ubi sunt, quotidie morimur…*

Por supuesto, la literatura contiene también el reverso luminoso de esa vertiente luctuosa de la vida. A menudo, narraciones y poemas presentan el mundo como un lugar para la celebración. Allí comparecen los esplendores de la belleza, el prodigio de la amistad, las múltiples modalidades en que se manifiesta el fervor hacia lo que nos rodea. Allí los hombres se hermanan, crean familias, fundan comunidades, instituyen liturgias, se muestran capaces de elevar hasta alturas heroicas virtudes tales como la generosidad, la lealtad y la compasión. En definitiva, la completa trama de nuestros logros y miserias, de las pasiones y anhelos que empiedran el tortuoso camino de la vida es la materia de que se ha servido la literatura para ofrecernos la imagen exacta de nuestra propia condición.

A fecha de hoy, el desconocimiento de lo que somos es una de las causas fundamentales de nuestra decadencia. El saber profundo que atesoraban las generaciones precedentes ha dado paso a un vacío que estremece cuando se comprueba su alcance. Y no es sólo debido a que las generaciones anteriores leyeran más y mejor –algo que, en general, hacían–, sino también porque no se concebía que pudiera llevarse una vida decorosa y en armonía con uno mismo y con el prójimo que no estuviera sujeta al principio de realidad.

El desvanecimiento de ese principio ha transformado el semblante de nuestra sociedad hasta volverlo irreconocible. Pero ¿en qué consiste dicho principio exactamente? Por expresarlo de modo sucinto, en la aceptación de una serie de límites que la disposición natural de las cosas impone a nuestro deseo y a nuestra voluntad; en el reconocimiento de que estamos capacitados para mejorar, pero no para hacerlo indefinidamente; en la inteligencia para jerarquizar los problemas comunitarios, de manera que los esfuerzos colectivos vayan orientados a solucionar, o cuando menos paliar, aquéllos que por su gravedad ocupan los primeros lugares de la lista; y también, por descontado, en saber escoger a quienes ostentan las cualidades necesarias para facilitar el cumplimiento de todos los puntos anteriores.

En la medida en que la terrible labor de ingeniería social de los últimos tiempos ha acabado pulverizando este conjunto de saberes básicos, lo que nos encontramos ahora es con una sociedad en constante proceso de caricaturización. El fenómeno del esperpento, ése que Valle-Inclán describió genialmente hace algo más de un siglo (en esto no ha pasado el tiempo, y si los que ocupan las portadas de nuestra lamentable actualidad hubieran leído a Valle, lo sabrían) lo vemos reproducido a diario con cada suceso estrepitoso que parece remover los cimientos de la convivencia. Gestos chabacanos o torpezas producto de un afán de exhibicionismo improcedente y mal calculado se transforman, por arte de la maquinaria político-mediática que no cesa de reinventar la realidad, en hitos subversivos de la emancipación femenina o en afrentas planetarias a la dignidad de la mujer. Hay detrás –lo sabemos– una estrategia de entontecimiento masivo, una insistencia en la senda del embrutecimiento, la podredumbre moral y el propósito de destrucción de los vínculos comunes que en España, en el transcurso de las décadas recientes, ha resultado ser la lucrativa argamasa que ha fundido en un solo bloque al poder político con el económico y el cultural.

Pero también se trata de algo más. Se trata de arrastrarnos a todos a un escenario de histerismo donde permanentemente se roza la demencia. Se trata de hacer del mundo un lugar inhabitable para la inteligencia y el sentido común, de dejarnos sin aire, de que la caterva de pícaros y alucinados que deciden en qué temas deben agotarse nuestras energías se apoderen del espacio público, convertido ya en un frenopático irrespirable, y nos obliguen a quienes no compartimos su visión delirante de las cosas a extraer a bocanadas el poco oxígeno que todavía se nos permite absorber para sobrevivir.

Como no hay visión de futuro, ni interés por el bien común, ni proyecto a largo plazo que no tenga un cariz destructivo, se vive en esta riña de tintes esperpénticos por acaparar espacios de poder y amedrentar al discrepante. Por eso se hace más necesario que nunca el esfuerzo por permanecer fieles al sentido de la realidad. Tengámoslo en todo momento presente: somos mortales, somos limitados, sufrimos, gozamos, buscamos una vida buena para nuestros hijos. Cualquier intento de revertir el absurdo tendrá que edificarse sobre la humilde sabiduría que desprenden estas verdades eternas.

19

UNA PIEDRA EN LA PARED

Hay un cierto momento en la vida en que el ánimo parece declinar. Con su carga diaria de desvergüenza y absurdo, la realidad se nos manifiesta en los límites de lo tolerable. Las formas de la convivencia se revisten de una crudeza agresiva. Se interpreta el triunfo de los peores como el correlato inevitable de un estado general de desmantelamiento de las virtudes públicas. Uno sigue desenvolviéndose entre los hábitos más o menos apacibles de una vida rutinaria, atareado en sus afanes inmediatos, atento al cuidado de lo próximo. Pero hay, en medio de la regularidad de los días, un aire de podredumbre que insiste en hacerse presente.

Nuestros recursos menguan. La reserva de energías con que enfrentamos el agravamiento de los síntomas que minan la salud del cuerpo social acusa el peso de los años. Por el contrario, las fuerzas que abanderan la discordia exhiben una pujanza feroz. Su temeridad no parece conocer límites. Sus voces resuenan con ese timbre de prepotencia que adorna a quienes, en política, encarnan el más peligroso de los instintos: el de aquéllos cuyo éxito se expande en la exacta medida en que lo hace el resentimiento que son capaces de propagar. Una sociedad que asume tales parámetros es una sociedad sin pulso. Puede vocear y agitarse, pero es un ente sin vida genuina, una masa intoxicada de ideología, ciega a las evidencias de la realidad, programada para responder, sin un atisbo de reflexión, a los estímulos que un poder degradado le inocula.

En ausencia de un proyecto que busque el reforzamiento de los vínculos comunes, todo se reduce a un ansia ciega de dominio. Se consolida una clase dirigente en la que el cinismo, la capacidad de disimular las propias taras morales bajo una pose de benevolencia y falso sentido de la responsabilidad, se valora por encima de toda virtud constructiva. Por otra parte, la acumulación de despropósitos suscita una curiosa sensación de abotargamiento. Se entra en una inercia de claudicación. Resignada, paulatina. No se trata de que nos resistamos a aceptar la existencia de los conflictos inherentes a la esfera de lo público, y para cuyo razonable ordenamiento el ser humano ideó ese prodigio que es el arte de la política. Se trata más bien del cansancio que comporta asistir pasivamente, como testigos impotentes de una esperpéntica representación, a esta especie de ruina planificada, a cada diaria estación de paso en un trayecto que, salvo a la constatación de un incesante deterioro, no conduce hacia ninguna parte.

¿Cómo entonces seguir adelante sin que un denso fluido de amargura envenene el don que representa cada día que se nos concede? En el contexto de una sociedad escindida, profundamente desvertebrada y presa de un humor sombrío, cunde la tentación del repliegue. Lograda, al cabo de un esfuerzo de años, una cierta posición segura y una relativa serenidad de ánimo, ¿no sería el momento del distanciamiento definitivo? ¿No haríamos mejor, a la manera del emboscado de Jünger, adentrándonos en la espesura de un retiro donde no nos alcance el estrépito del derrumbe y donde el obtuso parloteo de los ineptos no debilite las fibras de nuestra moral que todavía restan indemnes?

No se trata de cuestiones banales. Insisto: la tentación del exilio interior es acuciante. Aceptar la propia pequeñez, renunciar a la mínima vanidad que hay siempre detrás de cada línea con que uno se asoma a la actualidad del momento y parapetarse tras un silencio pétreo que sea en sí mismo un testimonio de desprecio y desacato hacia los artífices del presente: he ahí una escapatoria posible. Y, sin embargo, hay todavía motivos para resistirnos a ese recurso último. El principal de ellos es la conciencia del deber hacia las generaciones que nos precedieron y hacia aquellas otras que nos han de suceder. Mientras perviva en nosotros un mínimo sentido de la continuidad de la historia, debemos insistir en la responsabilidad de adecentar el paisaje, de dejar un mundo algo más saneado y luminoso a quienes vendrán tras nosotros. Por ellos, sin duda, pero también como medio de rendir honor a la memoria del esfuerzo de nuestros antepasados, que fueron los que sentaron los cimientos de la prosperidad material de la que hemos venido disfrutando hasta hoy y nos legaron el soporte ético de unos principios sobre los que hemos levantado nuestras vidas.

Debemos pues, dentro de los modestos límites que acotan nuestro radio de acción, hacer frente a la mentira y la estupidez rampantes. Resistirlas. Evitar sentirnos contaminados por ellas. No importa si se trata de una tarea destinada al fracaso. Como ha escrito Esteban Hernández: «El destino habitual, el de la mayoría de las personas es pelear y perder. Acaso nuestro papel en la vida no consista más que en colocar una piedra anónima en la pared, pero quizá una encima de otra acaben por dar forma a una casa».

Porque eso precisamente es lo que, llegado el día, necesitarán nuestros hijos: una alternativa a la temible intemperie a la que parecen abocados; un refugio hecho de muros recios y certezas sólidas al que puedan llamar hogar.

III

INTIMIDAD

20

MEMORIA DE UN
DESLUMBRAMIENTO

La editorial Atalanta acaba de lanzar la segunda edición de *Escolios a un texto implícito*, la monumental obra aforística del escritor colombiano Nicolás Gómez Dávila, fallecido en 1994. La noticia constituye un acontecimiento cultural de primer orden y confirma la lenta pero imparable difusión de una obra que, rebasando desde hace unos años su ámbito de origen, debe catalogarse ya como una de las cimas intelectuales y literarias del siglo xx. Al calor del acontecimiento, y mientras trato de hilvanar unas líneas con las que hacer justicia a esta magna creación del espíritu que me sigue cautivando cada vez que vuelvo sobre ella, muy pronto me percato de que si a lo que aspiro es a sugerir una aportación mínimamente significativa que estimule la curiosidad de los lectores, acaso lo más acertado sea orillar cualquier pretensión exegética por mi parte y remontarme a la que, sostenida en un periodo que abarcó varios años de mi vida, fue la historia personal de una epifanía literaria. Quiero decir, en pocas palabras, que para escribir sobre Gómez Dávila siento que no debo hacer otra cosa sino consignar aquí, desprovista en lo posible de énfasis etéreos, la crónica privada de un deslumbramiento.

Las primeras menciones a Gómez Dávila me llegaron a través de unas cuantas columnas periodísticas. En ellas sus autores dejaban esparcido algún que otro aforismo de don Nicolás con el propósito, meridianamente utilitario, de dar consistencia a sus propias tesis. Puede que esto sucediera a principios de 2010. Un año antes, Jacobo Siruela había publicado la primera edición de sus *Escolios* y a partir de ese instante la obra había comenzado a reclutar un contingente de lectores que, más que unidos por una admiración literaria, parecían estarlo por una devoción común. No obstante, yo me resistí durante unos meses a emprender su lectura. Sin haber tenido ocasión de hojear el libro, pero sabedor de su extensión (mil cuatrocientas páginas), me intimidaba el desafío que suponía enfrentarme a tan voluminosa tarea. Escogí, pues, una ruta de acercamiento alternativa. Justo en ese 2010, Atalanta acababa de publicar *Textos*, un libro mucho más breve de reflexiones gomezdavilianas, y de inmediato decidí hacerme con él. Aquella prosa me cautivó: dura, intransigente, extrañamente monolítica, aunque también –pese a su depurado sesgo conceptista– revestida de una indudable cualidad sensual, su autor abordaba el establecimiento de una metafísica y una antropología en unos términos que, aun adscritos a una tradición secular, resonaban con el timbre de una radicalidad subyugadora. Desvanecida toda reserva, el paso siguiente fueron los *Escolios*.

Comenzó entonces una experiencia que, casi sin darme cuenta, fue adquiriendo con el transcurso del tiempo las características propias de un ritual. Cada tarde dedicaba unos minutos a la lectura de unas cuantas páginas, no demasiadas; en todo caso, nunca más de aquellas a las que notaba que podía consagrarles una atención sin fisuras. Deslizando la punta de un lápiz –siempre el mismo– sobre la delicada superficie del papel semibiblia en que estaba primorosamente impreso el texto, marcaba los escolios con diferentes símbolos alusivos al grado de interés que cada uno me había suscitado. He utilizado la palabra ritual a propósito, para definir, a través de sus implicaciones semánticas, la naturaleza de una práctica externa que acarrea una transformación interior. Porque así fue exactamente como sentí que obraba en mí aquella lectura que se prolongó a lo largo de los años siguientes. Cada página, densa de significados, inconmensurable en la concisión y la reciedumbre por medio de las cuales el talento apabullante de su autor lograba que cristalizara cada idea, era como una lámina de duro metal que se superponía a la coraza con que uno sale pertrechado al encuentro del mundo.

En el prólogo al estupendo libro de José Miguel Serrano Ruiz-Calderón, *Democracia y nihilismo. Vida y obra de Nicolás Gómez Dávila*, la escritora Julia Escobar acota en un par de frases certeras el sutil vínculo que establecemos con esos contados autores que nos sumergen en un clima de afinidad inquebrantable: «Existe una gran simpatía entre el autor y sus lectores que le consideran un familiar, un amigo o, si se prefiere, un cómplice. Estiman que hay algo indefinible en su escritura que les habla como ningún otro autor». Por algún motivo, me acuerdo ahora del momento preciso en que ese estado de ánimo se apoderó de mí. Fue al llegar a un escolio en concreto, al poco de comenzar el libro: «La madurez del espíritu comienza cuando dejamos de sentirnos encargados del mundo». A partir de ese punto se me hizo evidente que, además del escepticismo de una personalidad profundamente inadaptada a su tiempo, lo que aquella obra transpiraba era una contagiosa voluntad de liberación, el testimonio de un espíritu contusionado por la sordidez, la vulgaridad y «la purulencia que define el mundo contemporáneo», pero que a la vez acertaba a contrarrestar la posible deriva hacia el desánimo y la entrega mediante las armas fulgurantes de la inteligencia, la belleza y la fe.

Debo reconocer que esa actitud innegablemente subversiva, la elegancia de una altivez con tanta frecuencia sublime como en ocasiones sarcástica y provocadora, esa determinación suya, insobornable, de no pactar con su época, haciendo de su obra un bastión desde el que resistir las acometidas de la imbecilidad y la vileza que quién sabe si no constituyen la verdadera argamasa del tiempo que nos ha tocado vivir, me depararon una forma de compañía y consuelo como no he vuelto a conocer desde entonces. A la lectura completa de los *Escolios* sucedió la curiosidad por saber más acerca de la biografía de su autor. El libro de Ruiz-Calderón arriba mencionado representó una ayuda enorme, al igual que varias conferencias que pude rastrear en las redes y entre las cuales hubo una, excepcional, impartida por Fernando Muñoz, que de improviso abrió sendas inéditas por las que transitar un paisaje de suyo inagotable.

De un modo paulatino, en mi imaginación fue perfilándose, como una especie de figura legendaria y al mismo tiempo próxima, entrañable, la silueta del alto caballero bogotano recluido cada tarde en el espacio portentoso de su biblioteca de más de treinta mil volúmenes. Sentado allí, con un puro en la mano y una pequeña estufa eléctrica a los pies para mitigar el frío de los Andes, este «cazador de sombras sagradas sobre las colinas eternas» –así de hermosamente define él al reaccionario en las últimas líneas de *Textos*– se transfiguraba en la aristocrática encarnación del hombre que hace de la lectura «el único oasis que sobrevive en el desierto de la Modernidad», como escribe Franco Volpi en el prólogo a los *Escolios* con que se abre la edición de Atalanta. Allí leyó, meditó, escribió, departió con los amigos que se acercaban a visitarle. Allí murió también. «Su biblioteca era su mundo –declaró en una entrevista su hija, Rosa Emilia, algunos años después de la muerte de su padre–. Cuando enfermó, bajamos su cama a la biblioteca. Murió entre sus libros».

Murió. Pero cómo es posible que mueran los seres que han alcanzado a tocarnos de un modo tan definitivo, me pregunto ahora. En *Fragmentos* y *Contramundo*, los dos libros de aforismos que escribí al amparo de la sombra tutelar de don Nicolás, subyace, más allá de cualquier ingenua tentativa de emulación o réplica, la necesidad de saldar una deuda, por otro lado imprescriptible, con quien me mostró el verdadero sentido de la palabra «resistencia». A los que militamos en las filas de sus adeptos, cada vez que sentimos que nuestras fuerzas decaen, nos basta la relectura de unas pocas páginas de su obra para recordar hasta qué punto la opción de claudicar permanecerá siempre en un ámbito ajeno a nuestras expectativas vitales. Pese al gusto por el apartamiento y al antiproselitismo militante de este «solitario de Dios», como lo definiera Volpi, sus lectores integran hoy una animosa fraternidad de desconocidos cuyo número no deja de crecer con los años. Formamos eso que a mi amigo

Domingo González le gusta nombrar como «una comunidad de solitarios», cuyo ánimo, sometido a las tensiones inevitables de una realidad con frecuencia hostil y desquiciada, se templa en el ejercicio de una inteligencia «capaz de esperar en la desesperación y perseverar en el desastre». Y lo paradójico del asunto es que la verdad de esa denominación me sirve en este instante, y aunque sólo sea por una vez, para desmentir una de las máximas del maestro: «La lucha contra el mundo moderno tiene que ser solitaria. Donde haya dos hay traición».

Al menos en el caso de quienes seguimos leyéndole, don Nicolás, quizá le alegre saber que no necesariamente.

21

ABRAZOS

De todas las formas en que buscamos el contacto con las personas que tenemos a nuestro alrededor, el abrazo es quizá la que con mayor amplitud se abre a las peculiaridades de lo humano. En relación a la estricta materialidad de los cuerpos, el abrazo encarna un propósito subversivo: aspira a la negación de la distancia a la que, como entes físicos que somos, nos sabemos constitutivamente abocados. En abierta rebeldía frente al determinismo que nos impone una existencia de individuos aislados, el abrazo busca superar los obstáculos que nos circunscriben a una vida separada, *alienada* de los demás; incluso –lo que a todas luces representa una fuente constante de desazón y pesar– de nuestros seres más queridos.

Más allá de la fusión carnal que su puesta en acto representa, lo que el abrazo aspira a significar es un anhelo de integración espiritual con el otro. Queremos unirnos, vincularnos. Deseamos abrirnos a la posibilidad de un modo de relacionarnos con lo que nos rodea en el que la entrega que nos mostramos dispuestos a hacer de nosotros mismos obtenga, en justa reciprocidad, una experiencia plena de comunicación y de encuentro. De ahí que el instante que dura el abrazo simbolice, en su breve despliegue, la apertura a un espacio de comunión del que no es infrecuente que se hallen excluidas las palabras. Sentimos que ya no podemos ir más allá de ese acto. En él culmina y se agota nuestra disposición a expresar afecto y acogida. Persuadidos por la certeza de que toda palabra con que nos aventurásemos a acompañarlo mancillaría la naturaleza sublime de nuestro gesto, elegimos el silencio.

Por otra parte, dado que en el hecho de abrazar a alguien, o de dejarnos abrazar por él, hay implícita una rendición de nuestra intimidad, es habitual que el abrazo aparezca asociado a la idea de la traición. En efecto, al deponer las barreras que nos mantenían a resguardo de las amenazas del exterior, quedamos expuestos a sus peligros. La paradoja estriba por tanto en que, al mismo tiempo que recibimos protección, nos volvemos más vulnerables. En el abrazo se muestra así, en su desnudez íntegra, la condición menesterosa de nuestro ser. Esa búsqueda del otro nos remite al reconocimiento de nuestra esencia desvalida. Todos nuestros impulsos de autorrealización personal, todos y cada uno de los argumentos con que justificamos la encarnizada defensa de nuestra soberanía inexpugnable, quedan desmentidos en el momento en que, empujados por la necesidad de acogida o abatidos por un golpe inesperado de desánimo, nos dejamos estrechar entre los brazos de alguien.

Hay, en la taxonomía de matices con que delimitamos esta manifestación tan distintivamente humana de nuestra gestualidad, abrazos de mutuo reconocimiento, como los que se prodigan los amigos, así como abrazos de condolencia y –en su vertiente opuesta– de efusiva felicitación, a través de los cuales comunicamos un estado de ánimo que, por su propia índole, reclama quedar inscrito en el marco más amplio y protocolario de lo social. Pero los abrazos en que volcamos la totalidad de nuestra potencialidad afectiva suelen restringirse a un ámbito carente de testigos. Son seguramente esos abrazos los que descubren la porción más decisiva y auténtica del misterio que nunca dejamos de representar para nosotros mismos. Son los abrazos con que nos reconciliamos, aquellos con los que pedimos perdón sin necesidad tan siquiera de musitar unas palabras; son los abrazos mediante los cuales, en lo más hondo de la sima de una aflicción incomunicable, recibimos u ofrecemos consuelo; son los abrazos de despedida, los que preceden a una separación de la que en ocasiones desconocemos el lapso de tiempo que abarcará, o si acaso no será definitiva; son –lo pienso tantas veces– esos abrazos con que los padres intentamos retener a nuestros hijos en su infancia, abolir el paso del tiempo, congelar el caudal de ternura que derramamos en ese instante sobre ellos sin saber qué huella quedará de todo eso al cabo de un puñado de años.

Hemos ingresado en un tiempo raro, una época en la que el simple amago de abrazar a alguien en público, incluso si se trata de un familiar o un amigo cercano, podría convertirnos en los destinatarios de alguna reconvención justiciera. «Distanciamiento social», nos recuerdan. La neolengua emanada de esa especie de higienismo seudototalitario al que nos hemos visto conducidos desde el comienzo de la pandemia ha cumplido la labor de incrustarse en nuestras conciencias y moldear desde allí el talante efectivo de nuestros actos. Y a medida que nos hemos ido separando unos de otros, a medida que el recelo mutuo se ha convertido en el factor determinante de las relaciones entre las personas, el poder se ha ido apropiando de nuevos espacios. Él es ahora, hasta en los detalles más nimios, el celoso guardián de nuestras costumbres. Vivimos, de hecho, a un paso de idolatrarlo.

Es posible que alguien, alguna vez, componga la crónica de estos años aciagos en los que el miedo, astutamente dosificado por quienes estaban en disposición de hacerlo, nos empujó a renunciar a tantas cosas. Sea como fuere, la creciente dependencia del Estado en la que nos vemos inmersos ha traído consigo una modalidad de orfandad con la que, por otra parte, ya empezábamos a estar familiarizados. Hemos acelerado el paso hacia una deriva característica de las sociedades modernas: el alejamiento de los demás, la propensión a una gélida existencia de islotes que, a cambio de una impresión falsa de seguridad sin fisuras, nos ha condenado a una vida de enajenación y servidumbre, tanto más gris cuanto más reglamentada, y plagada de amputaciones. Por eso se hace más necesario que nunca recordar lo que los abrazos representan: una manifestación de la vida encarnada, una expresión de los vínculos de calidez y confianza sobre los que se funda el devenir comunitario. La misma vida, los mismos vínculos en los que, a despecho de las argucias con que intentarán convencernos de lo contrario, estamos llamados a perseverar sin descanso.

22

LOS PAISAJES QUE LLEVAMOS DENTRO

En una de las páginas de *Moby Dick* Hermann Melville introduce esta reflexión: «Los verdaderos paisajes no están nunca en los mapas». En mitad de la aventura del *Pequod* a la caza de la gran ballena blanca, la frase resalta por su cariz intrigante. Si los verdaderos paisajes no figuran en los mapas, no queda sino especular acerca de dónde puedan hallarse. Y una incógnita más: nos preguntamos a qué tipo de enclaves debe de estar refiriéndose Melville cuando, al adjetivarlos de «verdaderos», da por sentado que hay otros que no lo son.

El verano es un tiempo peculiar. En la medida en que supone una suspensión de nuestros hábitos cotidianos, nos sitúa frente a la tesitura de llenar el vacío que de golpe se abre ante nosotros. Ese margen de indeterminación actúa como catalizador de la ansiedad. En una sociedad que nos incita a buscar la propia realización a través de una intensificación del consumo, el verano se nos presenta como una estancia diáfana que debemos apresurarnos a amueblar con el mayor número posible de enseres. Los más juiciosos hacen frente a esta eventualidad por medio de una planificación adecuada. Los menos precavidos se ven abocados a improvisar remedios de última hora, fiando a un golpe de su intuición o a la solvencia de su agente de viajes el hallazgo de alguna ruta afortunada que les conduzca hasta la tierra prometida.

En cualquiera de los casos, todos vamos en busca de una compensación con la que resarcirnos de las penurias del tiempo ordinario. Depositamos en el verano unas expectativas hasta cierto punto desmedidas. Le pedimos que nos limpie de toda la ceniza acumulada. Le encomendamos que nos depare la breve ilusión de una existencia liberada de los agravios de la rutina y del peso muerto de tantos anhelos nunca colmados.

Lo que tienen en común las distintas modalidades de enfrentarnos al verano es que todas acarrean un cambio de ubicación. Hay algo extraño en ello, si lo pensamos bien. Es como si por el hecho de variar de decorado, se fueran a suavizar las aristas menos amables de nuestra personalidad. Y cuando descubrimos que el mero cambio de emplazamiento no ha propiciado la desaparición de tantas pequeñas lacras, no podemos evitar sentirnos defraudados. Es entonces cuando la cita de Melville nos revela su sentido. Quizá los paisajes a los que nos gustaría viajar no estén fuera de nosotros. Quizá lo que buscamos cada vez que nos aventuramos más allá de las lindes que delimitan nuestro entorno es un regreso imposible a los lugares que permanecen embalsamados en los recovecos más antiguos de nuestra memoria. Invocar en este punto la nostalgia se antoja inevitable. Pero hay algo más.

En primer lugar, vivir en un mundo en el que todo cambia a un ritmo desbocado agudiza nuestro instinto de conservación. Necesitamos un remanso de estabilidad en el que experimentar que las cosas siguen siendo como una vez las conocimos. Pero también intuyo que existe otro motivo más hondo. Los lugares a los que alude Melville nos retrotraen al paraíso perdido de la infancia. Sin embargo, es posible que esa denominación resulte un tanto engañosa. Si la infancia es un tiempo al que volvemos una y otra vez no es porque al evocarla la percibamos como una edad necesariamente idílica. También se sufre en la infancia. También hay carencias, y desilusiones amargas, y desgarramientos que dejan una marca indeleble en quien todavía no se halla preparado para asimilarlos. Y, aun así, todo se salva por la intensidad irrepetible de aquella primera mirada. Tiendo a pensar que es a causa del recuerdo de esa percepción del mundo, tan pura y a la vez casi extraviada, por lo que los paisajes que descubrimos siendo adultos nos resultan en ocasiones anodinos, descoloridos, falsificados. Por eso es necesario esforzarse por recuperar un rastro de aquella luz primigenia: para que la maravilla de un mundo que, en el fondo, es un completo don, no se deje oscurecer por ninguna sombra de hastío. «Daría todos los paisajes del mundo por los de mi infancia», escribe Cioran. Yo me conformaría con proyectar sobre lo que tengo ante mis ojos una mirada perenne de gratitud, la dicha de un deslumbramiento que no se corrompa nunca.

23

HOGAR

———

Antes que nada, la casa es un enclave protector. Nos resguarda de la hostilidad de la naturaleza y nos brinda cobijo frente a nuestro terror atávico a que nos agredan. En virtud de esa función primigenia, sus muros no se limitan a circunscribir un espacio cerrado, sino que también establecen un límite al sinfín de temores que, desde el instante en que el hombre adquiere conciencia de su vulnerabilidad, atormentan su imaginación. En la casa no sólo hallamos refugio frente a la intemperie física; se nos ofrece consuelo ante las repetidas evidencias de nuestra fragilidad de carácter, ante la pulsión tenaz de nuestras penurias psicológicas.

La casa, pues, es primeramente un lugar de asilo. Un baluarte alzado en mitad de la incertidumbre en que tantas veces nos sumerge la experiencia de lo cotidiano. Pero a medida que este propósito de contención se consolida, la casa se reviste de nuevos atributos. Tendemos a proyectar sobre ella nuestras propias nociones de belleza y equilibrio, de armonía y hospitalidad. Dentro de su esfera, fundamos un orden de acogida. En todo lo que la casa contiene, en la misma delimitación de su espacio, vamos depositando la impronta de nuestras costumbres, el sello que transfiere, incluso a nuestros actos más nimios, un sentido de reconocimiento y fidelidad.

Trascendiendo su finalidad ornamental, le asignamos a cada objeto el carisma de un símbolo. Ya no son simples cosas intercambiables adquiridas en el gran bazar del mundo, sino extensiones de nuestra sentimentalidad y testimonios tangibles de nuestra voluntad de permanencia. En las marcas que evidencian su desgaste escuchamos, agazapado, el profundo latido del tiempo. Y los enseres más antiguos, aquellos que nos legaron las personas que ya no están entre nosotros, se transforman, al margen de su estricta materialidad perecedera, en custodios de nuestra memoria más preciada, en los involuntarios receptáculos de nuestro cariño, nuestra nostalgia y nuestro dolor.

Poco a poco, allí van encontrando cabida todas las dulzuras inocentes de este mundo. La casa ya no es para entonces sólo el lugar que ocupamos. Como muy bien explica François-Xavier Bellamy, a partir de cierto momento se convierte en el espacio que nos hemos propuesto habitar. Al decidir permanecer en él, renunciamos a la mayor parte de las posibilidades, por otra parte inabarcables, que se extienden fuera de sus límites. Pero, a cambio, nos comprometemos a organizar nuestra existencia en torno al apego a ciertas virtudes que han de servir de contrapeso al desorden congénito del mundo. En el hogar nuestras vidas se recubren de una pátina de continuidad. La cadena de las generaciones, la trasmisión de los principios y de los afectos encuentran ahí el lugar que les es propio. Los aprendizajes que verdaderamente importan (el sentido del deber y la obediencia, la capacidad de sacrificio y autocontrol, el culto a la verdad y la inclinación a ser generosos) fraguan, antes que en cualquier otro dominio de la vida pública, en lo hondo de esta matriz insustituible.

No todo es idílico, desde luego. Y al calor de esa evidencia, algunas de las corrientes psicológicas más influyentes de la contemporaneidad se han esforzado en propagar una imagen del hogar que resalte sus contornos menos luminosos. La popularización de la palabra «trauma» ha ido ligada a este empeño de disolución no tanto del hogar en cuanto espacio físico como de la institución familiar que germina en su seno. En paralelo a esta operación de descrédito, ha emergido la noción, auténticamente revolucionaria, de que lo característico de una vida que aspira a la plenitud ya no reside en la perseverancia en el origen, sino en la entrega a un perpetuo deambular por el mundo, siempre en busca de nuevos hallazgos con que mitigar un tedio que, por lo demás, se diría consustancial a nuestra época.

La estrategia que despunta tras esta nueva forma de adoctrinamiento esconde una doble intención: por una parte, inculca en la mentalidad de las generaciones más jóvenes –si bien bajo el cebo multicolor de una ilimitada extensión de sus posibilidades vitales– la idea de que sus expectativas de futuro han de pasar por la aceptación de su papel en el nuevo mundo globalizado como mano de obra reubicable. Así las cosas, su destino les abocará a una itinerancia crónica, extenuante, que sin duda los medios adeptos al nuevo orden ensalzarán mediante una retórica engrasada de cosmopolitismo, progreso y emancipación.

La segunda consecuencia de este proceso en curso resulta, si cabe, más inquietante. La generalización de un modo de vida en el que un porcentaje creciente de jóvenes contemple como un anhelo irrealizable el disfrute de un hogar propio acarreará secuelas de dimensiones antropológicas. Ya no será posible –o cada vez resultará más improbable– quedar inscrito en un ámbito de convivencia ordenado en torno a unas cuantas lealtades comunes. A una generación en perpetuo movimiento, abocada a sacrificar lo mejor de sí misma en el esfuerzo incesante de transitar por lugares de paso, no le quedará otra salida al vacío que se cierne sobre ella que abrazar identidades fluidas, coordenadas de reconocimiento meramente provisionales.

Deseo creer que esta dinámica de desubicación no ha alcanzado todavía un punto irreversible. Pese a la cháchara profética de los apóstoles de los nuevos tiempos, me resulta sumamente desalentadora la perspectiva de un mundo donde llegue a cristalizar la totalidad de sus ideales. Este abandono en manos del fatalismo estadístico y la moral utilitaria contradice de tal modo la verdad de la condición humana, que no queda sino aferrarse a la expectativa de una reacción. Necesitamos hogares en los que habitar, y no para solazarnos en un egoísmo hermético, sino para crear remansos donde florezca una atmósfera de bienvenida y gocemos de la oportunidad de someter el tiempo de nuestra existencia a un cauce más limpio y humano. Necesitamos un mundo donde se nos brinde la posibilidad de llegar a saber quiénes somos. Necesitamos, como tan hermosamente escribe Fabrice Hadjadj, «permanecer unidos en la doctrina del amor y perseverar en la comunión fraterna». Pero habremos de asumir que en el combate que nos aguarda nos encontraremos siempre emplazados del lado opuesto al espíritu de nuestra época. De los sacrificios que se nos van a exigir obtendremos la medida cabal de los que somos.

24

UNA EDUCACIÓN

Me crie en un pueblo de unos 35.000 habitantes y jugaba en la calle. Hablo de un tiempo anterior a la climatización perpetua de los grandes espacios de ocio, a la saturación de metacrilato de la que suele estar hecha hoy la geografía prefabricada del consumo. Una época previa al amontonamiento de zonas comerciales que acontecería algunos años más tarde en los extrarradios de las grandes ciudades y de las poblaciones de tamaño medio. Aún éramos cándidos. Todavía éramos incapaces de imaginarnos a nosotros mismos caminando como sonámbulos a través de pasillos flanqueados de escaparates suntuosos y restallantes pantallas de plasma. Había esa ingenuidad aún: un punto inocente, un punto salvaje. Carecíamos de la mentalidad adquisitiva y el raudo instinto voraz con los que, nada más acceder a esta nueva geografía de colores espasmódicos y tranquilizadoras melodías de fondo, un adolescente de ahora calibra sus posibilidades de éxito.

La calle: los solares inmensos con la tierra calcinada por el sol; las pistas de futbito con el cemento resquebrajado a las que accedíamos furtivamente saltando por encima de una valla oxidada. Salir al mundo era abandonarse a la improvisación. Todo era inmediato, directo, de una tonalidad casi primaria. No mediaban artilugios en el curso de nuestras relaciones, nada de esa parafernalia tecnológica a la que ahora parece que hemos trasvasado el entero fluido de la existencia. Nos hablábamos a la cara, discutíamos de frente, nos insultábamos con un timbre de encrespamiento creciente en las voces. Y con la misma facilidad y la misma ausencia de premeditación y dobleces, nos reconciliábamos en la franca inmediatez de una proximidad que disolvía por completo los agravios.

Nos hablábamos, compartíamos vivencias a través del gesto y la palabra, nunca sobre la superficie gélida de una pantalla. Poco a poco, aprendíamos a controlar el alcance de nuestras emociones. Por nosotros mismos, imitando las pautas del sentido común que por aquella época prevalecía en casi todos los ámbitos de la vida cotidiana, nos instruíamos en la manera de lidiar con nuestras frustraciones y de acabar encauzando decorosamente el curso de nuestros estallidos de euforia.

Las cosas eran concretas, tangibles, más escasas que ahora y precisamente por eso dotadas a nuestros ojos del sentido de un valor irremplazable que ya nos resulta casi imposible comunicar a nuestros hijos. Las personas, en especial las más ancianas, existían en la encarnación de una presencia rebosante de densidad y matices, lo que les confería un aura semisagrada. Era la forma de respeto que se nos había inculcado. El universo de lo virtual nos resultaba aún inimaginable. Palpábamos la realidad, la gozábamos, nos hería. Nadie vivía en ese ensimismamiento fanático en el que tantos de nuestros semejantes deambulan hoy día, conectados a unos auriculares o con la mirada absorta en la pantalla de un móvil, en plena huida de sí mismos, como si se trasladaran por el mundo en el interior de una campana de vacío.

La libertad era un sentimiento tan real que no necesitaba nombrarse. La inhalábamos con cada golpe de aire, nos llenábamos de ella, sin necesidad de mencionarla nunca, pero añorándola cuando, por una u otra razón, sobrevenían aquellos periodos de clausura que se nos hacían interminables, una soledad sin orillas en que las horas eran como limaduras de hierro que se precipitaran una tras otra en el vacío al compás de una cadencia desesperante. También debimos aprender a sobrellevar esa carga, esa sensación de monotonía y esterilidad agobiantes, conscientes de que no resultaba sensato importunar a los adultos haciéndoles partícipes de nuestro malestar. Porque los adultos habitaban una dimensión aparte, en buena medida impenetrable al clima de extravío y desánimo en que fermentaba la mayor parte de nuestros fracasos. Y a la postre uno diría que aquélla resultó una actitud sabia, porque nos obligó a enfrentarnos a las convulsiones de nuestra sentimentalidad en ciernes echando mano de nuestros propios recursos, sin protocolos psicológicos ni mediaciones condescendientes, mediante la única guía del ejemplo de nuestros mayores, y eso nos hizo más fuertes.

Desde luego, uno es consciente de lo extravagante que debe de resultar el contenido de estas líneas en unos tiempos que han institucionalizado hasta extremos patológicos el culto a la infancia. Pero a una infancia entendida no como etapa preparatoria para una paulatina maduración de la persona, sino como una suerte de estadio ideal en el devenir de la vida susceptible de prolongarse durante el mayor espacio de tiempo posible. Se han difuminado, para agravar esta tendencia, las líneas que separaban los distintos mundos. Es más: cunde la sensación de que se hayan invertido los rangos, de modo que cada vez resulta más habitual la estampa del pequeño déspota que exige de sus padres un estado ininterrumpido de fervor solícito, y no duda en chantajear a sus progenitores si no obtiene de ellos la instantánea sobredosis de estímulos con que saciar su apetito de distracciones constantes.

La consecuencia natural de esta concepción bulímica de la existencia es que el entretenimiento planificado se ha convertido en uno de los negocios más lucrativos del presente. Alrededor de los más jóvenes se despliega una industria insomne a la que los padres recurren en masa con tal de no ver languidecer a sus retoños bajo el peso de la verdadera pandemia que azota a Occidente: el aburrimiento. Hay que vivir en el vértigo incesante de las experiencias que otros nos proporcionan. Hay que introducir al niño en un carrusel de fantasías interminables, única manera, al parecer, de exorcizar su tedio y liberarlo de la apatía y la crónica sensación de descontento a las que tan prematuramente le condena la atrofia de su imaginación.

El resultado de semejante estado de cosas se halla bien a la vista: una saturación de estímulos que asfixia la capacidad de atención y dirige los intereses del niño sólo hacia aquello que le proporciona una gratificación inmediata. Apenas ningún fomento del gusto por el esfuerzo sostenido, la introspección, la perseverancia, la necesaria aceptación del fracaso. Ningún cultivo del interés hacia el desvelamiento del encanto que se oculta tras la elementalidad de las cosas más cercanas y sencillas.

Pero uno se pregunta qué clase de felicidad puede encontrar nadie en esta situación de completa dependencia, de servidumbre ciega en realidad, que es el resultado de haber delegado en otros el cumplimiento de nuestras aspiraciones más íntimas. Se extiende, pese a la abundancia de bienes materiales y al festín perpetuo de experiencias excitantes y de amistades innúmeras diseminadas por todo el ancho del orbe virtual, una epidemia de insatisfacción generalizada. Cada vez con más frecuencia, en los rostros de chavales de 12 o 13 años es posible ver impreso un mohín indeleble de hastío, quién sabe si el signo incipiente de una futura caída en los abismos de las más dramáticas claudicaciones vitales. Entonces –no puedo evitarlo– me acuerdo de las calles que hace ya una eternidad acogieron nuestras explosiones de generosidad y entusiasmo, y de los jardines de parterres desbaratados que contemplaron el luminoso prodigio de una fraternidad irrepetible. Y me pregunto si la única felicidad posible estuvo siempre allí, en la plenitud de aquellos rostros congestionados por el calor y por el ansia de exprimir las posibilidades de dicha contenidas en cada instante. Allí, en la verdad de aquellas emociones. En los lugares a los que sé que no regresaré nunca.

25

OTOÑO

Ingresar en el otoño es hacerlo en una dimensión retrospectiva. No es avanzar en el tiempo; es volver a los paisajes sobre los que la memoria ha depositado una delicada pátina de familiaridad. Es recobrar, en virtud de la circularidad de las estaciones, la textura de unos días sobre los que nuestra mirada vuelve a proyectarse con una ansiosa intensidad de reconocimiento. Cada otoño nos devuelve a un ámbito nunca del todo extraviado, a los primeros días de colegio tras el opulento milagro de las vacaciones, cuando a duras penas lográbamos sacudirnos la pesadumbre que nos acometía ante el deber de adentrarnos en un orden tan distinto al que dejábamos atrás, y de golpe la vida volvía a asumir una cualidad previsible y rutinaria, y era necesario aprender a rebuscar de nuevo, entre los anodinos pliegues de esa realidad recién estrenada, el destello de alguna novedad que nos aliviara del agobio y la congoja que nos invadían.

Luego, a medida que uno se hace mayor, percibe el otoño menos como el comienzo de otro ciclo laboral que como una mutación del espíritu. Todavía se nos aparece próxima la uniformidad inclemente del verano, cuando los días se sucedían sin que fuéramos capaces de distinguir en ellos matices nuevos, idénticos en su discurrir, tan invariables como la postura que adoptábamos sobre la cama o el sofá mientras leíamos o mirábamos de soslayo el televisor, tan agónicos como la desesperación que nos afligía ciertas noches en las que el bochorno nos impedía conciliar el sueño.

El otoño, aún en sus inicios, nos alivia de todo eso. Ahora por fin el aire pierde su muda quietud de letargo, esa consistencia de empantanamiento que nos imponía una preferencia exclusiva por la inmovilidad y los ambientes refrigerados, y sentimos cómo, a la vez que las temperaturas atenúan su rigor, la vida se desliza hacia la configuración de un entorno más hospitalario. Regresamos a las calles en esas horas en las que, en el centro del verano, la cautela nos inducía a una reclusión preventiva; reconquistamos las mismas plazas de las que la aridez de un calor intratable nos expulsó tan sólo unos meses atrás. Aquellos espacios, hasta hace poco inhabitables, se abren otra vez ante nosotros revestidos de un timbre benigno que casi habíamos olvidado que tuvieran.

Es cierto que los días acortan su duración, pero también lo es que en el paulatino decaimiento de la luz descubrimos el esplendor de una riqueza que nos subyuga, la efímera hermosura de cada puesta de sol que ya nos anuncia y nos hace desear la llegada de los crepúsculos encendidos con que habrá de obsequiarnos noviembre. La mirada se aguza para captar el flujo de las tonalidades que se suceden en el follaje de los árboles a punto de perder sus hojas. Y más adelante, a medida que el relente de las mañanas y de las primeras horas del atardecer nos prevenga de que nos hallamos en camino hacia la previsible crudeza del invierno, el paisaje se irá sumiendo en un esquematismo ascético, y será posible asistir, entre las brumas del amanecer, a la aparición del brillo de las fogatas donde los hombres del campo queman gavillas de rastrojos secos, en mitad de un aire atravesado por el olor de la ceniza y la humedad incipiente.

Por lo demás, con su estética de despojamiento, se diría que el otoño se empeña en susurrarnos una verdad adicional. Nos recuerda la condición caduca de todas las cosas y, también, que la sujeción a los ciclos de ocaso y renovación consustanciales a la naturaleza no deroga la labor erosiva del tiempo, no nos exime de su zapa constante. Quizá es así, a través del recuerdo de esta obviedad intempestiva, como el otoño acentúa en nosotros una actitud de introspección que en ninguna de las demás estaciones se nos antoja tan apremiante. Convertimos lo externo en una geografía íntima. Miramos el mundo como si nos dispusiéramos a descifrar un símbolo. La naturaleza se repliega sobre sí misma y para nosotros, coetáneos de una época que se obstina en vivir de espaldas a la muerte, el manto de sobriedad que se extiende sobre la tierra se transforma en el marco depurado y tangible de una meditación necesaria.

Impregnados de su mismo espíritu de humildad, el otoño nos invita a recordar a quienes faltan. No se trata tanto de dejarnos vencer por la añoranza como de conmemorar la dicha de que una vez estuvieran entre nosotros. Es un tributo de gratitud en el que el recuerdo de ciertas imágenes indelebles (¿quién no caminó bajo la lluvia al amparo del paraguas de alguien que ya no está?; ¿quién no jugó alguna vez sobre un lecho de hojas secas mientras unos de sus mayores, ya definitivamente ausente, cuidaba de que no se dañara?) se mezcla con el reconocimiento del don inestimable de la vida y la conciencia de su dramática fragilidad. Únicamente en la combinación de ambos planos hallamos el punto exacto de la identidad en la que aspiramos a cristalizar. El punto en el que, mientras cuidamos de nuestros hijos, la huella del ejemplo de quienes nos precedieron, su testimonio de dignidad y abnegación, sostiene nuestra esperanza en la posibilidad de un tiempo más humano.

26

FRÁGILES

Acuérdate del tiempo en el que todo era sólido. Haz memoria. Mírate de nuevo en el espejo sobre cuya superficie permanecen detenidas las imágenes de lo que fuiste un día. Adelante, lo has hecho otras veces. El tiempo no ha conseguido empañarlas. La experiencia de los años todavía no alcanza a exhalar sobre ellas ese vaho corrosivo que desfigura tantas de las cosas que merecen la pena. Da lo mismo la edad que tengas ahora, los golpes que hayas encajado, el peso de las decepciones acumuladas. Sigues allí, encaramado al árbol de tus ilusiones. A tu alrededor, el aire se entreteje de gestos familiares y voces que te envuelven en una aureola de confianza. Nada parece que vaya a cambiar por ahora. La línea del horizonte continúa en su sitio, nítidamente perfilada. Y contra los miedos que de vez en cuando enmohecen tus sueños y salpican tu vigilia de presentimientos amargos, tus mayores te han transmitido el poderoso conjuro de unas cuantas historias esenciales acerca de los motivos sobre los que el mundo se sostiene.

Recuerda entonces, cuando mirabas a tu alrededor con un brillo de inocencia y perspicacia transparentándose en tus ojos. Acuérdate de la fiebre de curiosidad que te incitaba a preguntarlo todo y desliza tu mano sobre los momentos de plenitud en los que todavía no podías ser consciente del valor que atesoraba cada experiencia llamada a no repetirse nunca. Desliza tu mano sobre ellos, acarícialos. Siguen allí, aunque entonces no sabías que su destino era perdurar en algún lugar de tu memoria para iluminarte esta penumbra de ahora mismo, este oscurecimiento de los márgenes de tu existencia que llegó como un vértigo y una brusca aceleración del tiempo, acuérdate, el instante en el que el contorno de las personas empezó a difuminarse y ya nada fue como antes, los lugares se estrecharon, el veneno de la duda comenzó a roer las certezas de las que se alimentaban tus proyectos, y sentiste que los hechos, «sinuosos, sigilosos, narrativos» –como escribe Enrique García-Máiquez en un poema premonitorio y magnífico– se acercaban hasta ti para traerte el dolor y la responsabilidad y la angustia de una carga que no habías conocido hasta entonces.

Creciste. Se ensombreció tu rostro. En adelante el mundo iba a ser un lugar menos amable, poblado de recovecos malsanos, saturado de inmundicias que difundían a tu alrededor su dulce aliento putrefacto. Un estallido de deseo. Un arrebato simultáneo de atracción y repulsa. El latido de la sangre, desbocado, ahogando el vuelo de la imaginación. Empezabas a vivir a ras de tierra, eso era lo que te estaba pasando. Te quedaste sin tus alas para escapar del doble fondo que la vida oculta casi siempre. Entonces no lo sabías, pero era necesario atravesar ese paisaje yermo, endurecerse, buscar refugio en una mínima constelación de amigos que te hicieran más llevadero el tránsito. A tus ojos, los adultos perdían densidad, se desvanecía la última pizca de magia que hasta entonces los había preservado de sus errores y sus inconsecuencias, ídolos infalibles de una época remota, y ya no te reconocían –tanta brusquedad repentina, tanto atrincherarte en un silencio huraño–, no alcanzaban a entender que todo lo que tú buscabas era una playa calma donde resguardarte del caos de los días.

Es difícil aventurar el tiempo que te llevó comprender que adaptarse es la manera que tienen algunos de envejecer por dentro sin aparentar que lo hacen. Pero también ese momento llegó, y con él la certidumbre de la inconsistencia que lo impregna todo, y a veces un destello de piedad provocado por un gesto de desamparo en el que quizá sólo tú reparabas, una mirada de abatimiento que te mostraba el envés de una realidad a la que hubieras preferido no tener que asomarte, un fulgor de revelación, en ocasiones, previniéndote de la inutilidad de aferrarte a nada.

Y entonces supiste que todo era frágil. Todo lo que te importaba pendía de un hilo bajo la amenaza de un cataclismo inminente. O quizá –no tan dramáticamente– languidecía sometido al persistente deterioro del tiempo, al cumplimiento de un plazo inexorable que agravaba su condición huidiza, menesterosa; y la constatación del instante que se evapora, y de la presencia que está condenada a desvanecerse y no ser ya más que una sombra congelada en el interior del marco de una fotografía olvidada sobre el aparador de una sala, te llenó de incredulidad y de miedo, pero a la vez te fue sacando de tu aislamiento, te mostró la evidencia de tu debilidad en la encarnadura de la debilidad de los otros, y fue como si algo reverdeciera dentro de ti, una herida que se cerrara, una inesperada brisa de benevolencia que apaciguara tus ansias de rebelarte.

Han pasado los años, tan deprisa, y ahora contemplas esta quietud que sabes efímera. Es una paz pasajera, un simulacro de orden a fin de cuentas, pero es bueno dejarse envolver por la tibia serenidad que se desprende de cada intención cumplida, de cada propósito al que renunciaste. Las horas bailan en el aire al compás de una cadencia impredecible. Escuchas el susurro de sus pasos deslizándose por el filo de algún presagio inquietante, aunque luego irrumpe una algarabía que tapa el rumor de tantos ecos ambiguos, oscuramente amenazadores, y son tus hijos que ríen, gritan, discuten. Vuelves a tener alas. Levantas el peso de tu cuerpo sobre la gravedad de la tierra, como entonces. No igual que entonces, claro, sino un poco lastrado por esa propensión a la cautela que la madurez te dicta. Pero es un bálsamo. Es un bálsamo salir de ti mismo e imaginar que esto que ahora vives no es tan sólo una tregua, sino un modo de ejemplaridad y abnegación ante todo, la única manera, al cabo, de descubrir aspectos de ti mismo que no hubieras llegado a conocer por otra vía.

En el cuidado de los tuyos encuentras la posibilidad de una enmienda a la deuda de gratitud que contrajiste con tu pasado. Intentas saldarla ahora. Asumes un compromiso en virtud del cual el tiempo adquiere una naturaleza reversible que te induce a hacerte las mismas preguntas que debieron de hacerse quienes cuidaron de ti. Y a experimentar sus mismos temores. Cómo atrapar esta luz en el tiempo, te preguntas; por medio de qué sortilegio preservar intacta la porción de inocencia que el mundo todavía no ha manchado. Son preguntas inútiles porque remiten a fenómenos que están fuera de tu alcance. Pero acaso puedas hacer algo, después de todo: levantar una empalizada, reforzar los diques, ayudarles a creer que es posible erigir un punto de anclaje desde el que resistir con entereza las embestidas futuras de las olas. Porque sólo si empiezan a creerlo ahora podrán algún día hacerse fuertes allí. El día en que descubran tu propia fragilidad, tus propios errores e inconsecuencias, tu lamentable índole falible, y entonces –elevas una plegaria aquí–, en lugar de repudiarte como a un extraño, la semilla de humanidad que una vez trataste de sembrar en ellos quizá les incline a compadecerse de ti.

27

CONTARNOS HISTORIAS

Fue hace muchos años, durante la infancia. En verano, a la caída de la noche, era frecuente que algunos vecinos sacaran unas cuantas sillas a la puerta de sus casas y se quedaran un rato allí, charlando. Por entonces, la televisión aún no había establecido su imperio incontestable sobre esas últimas horas del día y mucha gente prefería escapar del calor acumulado en los hogares saliendo a disfrutar de la brisa que ya serpenteaba en las calles. A la luz de la mentalidad que impera hoy, es probable que la estampa que describo componga un cuadro pintoresco, pero tras el anacronismo al que apunta persiste un fondo de autenticidad que remite al modo en que, hasta no hace mucho, los habitantes de los pueblos y de las ciudades de tamaño medio acostumbraban a relacionarse con su entorno. Era una relación definida por la familiaridad y el deseo de encontrarse con el otro. Una relación sustentada en el aprecio mutuo y en el reconocimiento de una convergencia de valores que mitigaba los desencuentros y ayudaba a relativizar las discrepancias. Sólo la costumbre impedía apreciar aquellos momentos como lo que en realidad eran: efímeras cristalizaciones de una vida sencilla y diáfana, desprovista de muchos de los miedos y prejuicios que nos lastran hoy.

Por supuesto, al escrutar los hechos la mirada de un niño no alcanza a atravesar sus capas más profundas. Sin embargo, como compensación a esa carencia, su intuición es capaz de percibir la esencia precisa de un ambiente, el latido que presta a cada circunstancia su cariz definitorio. El muchacho que fui se deja envolver ahora por la cálida reminiscencia de aquello que le rodeaba: mi padre sentado a la puerta de nuestra casa, en una silla de lona plegable, fumando un cigarrillo después de la cena, y yo a su lado, en el escalón que daba acceso al portal, los dos en silencio.

Luego, a veces, algún vecino cruzaba la calle y se sentaba con nosotros, y yo me quedaba escuchando la conversación que entablaba con mi padre. Las palabras fluían, entrelazándose con el humo de los cigarrillos. He olvidado de qué cosas se hablaba allí, probablemente porque lo importante no era eso en realidad; lo importante era el hecho de que se hablara. Tras los afanes del día, tras el cansancio y el agobio de las responsabilidades que son el lote inevitable que depara cada jornada, aún quedaba un rato para dedicarlo a charlar despreocupadamente de lo que fuera. Es esa disposición a la apertura hacia el otro lo que ha llegado hasta mí. Es la certeza de que en ese rumor de voces, en mitad del inicio de otra noche de verano, había un fondo de humanidad que todavía me conmueve.

Poco a poco, esas escenas han ido desapareciendo del paisaje habitual de los pueblos. Aunque carezca de datos que respalden mi conjetura, sospecho que cada vez dedicamos menos tiempo a la charla tranquila con el prójimo.

Supongo que las causas serán múltiples, pero el abandono de determinados estilos de vida y su sustitución por formas de relación menos directas y pausadas incide en un deterioro progresivo de la convivencia y en una cierta degradación del papel que les asignamos a los demás. Al dejar de contarnos historias, perdemos la memoria de lo que somos. Las vivencias comunes se acaban desvaneciendo y, con ellas, se pierde también el sentido de pertenencia a un espacio compartido. Cuando eso sucede, mantener la confianza en los demás resulta cada vez más difícil. En nuestra imaginación, el mundo deja de ser el lugar al que nos abrimos en busca de compañía y ayuda, y se transforma en un ámbito plagado de amenazas.

Es así como hemos llegado a la realidad que habitamos hoy. Y a uno de los elementos que la definen: la desconfianza. La desconfianza que nace de la distancia y la incomunicación crecientes, pero también de la completa dislocación de los rangos que los peores ejemplares de nuestra política han introducido en el seno de la vida pública. En el curso de unos cuantos años, nos hemos ido replegando hacia la estrecha franja de mundo donde nos sentimos seguros. Hemos sustituido la generosidad que implica el reconocimiento de la valía ajena por una mirada más puntillosa y mezquina. Al dejar de prestar atención a las historias de los demás, al dejar de compartir las nuestras, hemos permitido que el veneno de la sospecha infecte el tejido de nuestras relaciones, y de esa manera nos hemos convertido en seres que viven en un estado constante de alerta, oprimidos por el temor a la censura y la denuncia de quienes nos rodean. ¿Acaso no es bajo ese peso como ejercen hoy sus respectivos cometidos el médico que teme ser objeto de una demanda o el profesor al que permanentemente asusta recibir una reclamación?

Una sociedad dividida de este modo está incapacitada para oponer ninguna resistencia al dominio de los peores. Es un yermo sobre el que nada puede prosperar. El interés por el prójimo concreto se ha sustituido por lealtades abstractas, por filiaciones artificiales y grandilocuentes en virtud de las cuales quedamos alineados en bandos desde los que nos miramos con la hostilidad propia de individuos que pertenecieran a especies enfrentadas. Pero somos seres constitutivamente narrativos. Necesitamos contar las historias de nuestras vidas y que otros nos cuenten las suyas. Si dejamos de hacerlo, nos deshumanizamos; abrimos la puerta para que otros poderes nos impongan desde fuera sus relatos y adulteren a su antojo nuestras existencias. Y así terminamos viviendo en el interior de una burbuja de falsedades, desentendidos de las alegrías y las congojas de los demás e ignorando quiénes somos.

28

EL ROSTRO DE TU HIJO MIENTRAS DUERME

———

Sucede cuando ya está entrada la noche, en ese momento en que la casa se ha quedado sumida en una quietud que tiene un punto de extrañeza y desamparo, suspendida en la atónita impresión de vacío que desprenden los lugares donde poco antes todo era bullicio y movimiento. Ahora sólo quedas tú para acabar de ordenar las cosas y apagar las últimas luces. Estás cansado. Como fogonazos intempestivos, a tu mente acuden retazos del día, fragmentos de conversaciones y secuencias de imágenes rotas, insignificantes en sí mismas, y ya sólo confías en que al cabo de unos minutos el sueño las disipe. Casi todo es así. Casi todo, si te paras a pensarlo un poco, está recubierto por esa misma pátina de banalidad y de intrascendencia, de ruido y ceniza. Y, sin embargo, notas su peso, al final de cada día, el peso paradójico de esa materia tan leve que has ido acumulando en algún recoveco de la memoria, a lo largo de la jornada, y que tanto te gustaría ser capaz de extirpar ahora mismo.

Ese pequeño lastre va contigo mientras te adentras por el pasillo, camino de tu cuarto. Pero todavía demoras unos minutos el momento de meterte en la cama. Antes haces algo que ya has hecho otras veces: te detienes ante la puerta de la habitación de tu hijo. Nunca la cierra del todo, de manera que te basta empujarla con suavidad y una cuña de luz procedente del pasillo penetra en la oscuridad de la estancia. Cuando accedes a ella lo haces manteniendo ese sigilo reverencial que adoptamos al ingresar en los espacios donde intuimos que palpita lo sagrado. Tememos interrumpir el flujo de una experiencia que acontece más allá del mundo de las evidencias físicas, a un nivel de percepción al que todavía tardamos un poco en acostumbrarnos.

Contemplar a alguien mientras duerme, alguien que comparte su vida con nosotros, supone un acto equivalente al de asomarse a la boca de un misterio. Siente uno como si el sueño alejara a esa persona de nosotros y la situara al otro lado de un límite profundo. La cercanía cotidiana que se alimenta de las miradas y los gestos, de la familiar modulación de las voces, ha quedado en suspenso. El que duerme y el que vela pertenecen ahora a dos ámbitos distintos, se sitúan en dos orillas de la realidad entre las que se ha interrumpido toda forma de comunicación, y pese a ese radical extrañamiento, quien observa al durmiente sabe que cometería un acto muy cercano a la profanación si, en ausencia de una causa que lo justifique, se decidiera a interrumpir su descanso y traerla de regreso a nuestro mundo.

Sucede, para agravar la impresión de misterio, que el vínculo entre el sueño y la muerte es demasiado obvio como para pasarlo por alto. Hasta cierto punto, dormir es aventurarse por los aledaños de la muerte. Vencidos por el cansancio, mente y cuerpo renuncian cada noche a la vida consciente, se sitúan en algún punto fuera del alcance de la voluntad y esperan –pero no saben que lo esperan– que el amanecer les depare el don de una vida recobrada. Por lo demás, hay un ápice de inquietud insinuándose en la contemplación del ser amado mientras duerme; la inquietud de saber que, en última instancia, la corriente de la vida fluye en una sola dirección, independiente de nuestros deseos más hondos, ajena a la perseverancia de un amor que aspira a mantener intacto su objeto más allá del tiempo y sus estragos.

Pero en el rostro de tu hijo no asoma por ahora ninguna sombra de presagios. No hay –no puede haberlas todavía– huellas de la usura de los años, ni una sola de las cicatrices que deja impresas en los adultos el caudal de experiencias que cincela cada semblante. Casi toda su historia está aún por escribirse, y la que ya se ha escrito no arroja de momento otro saldo que el de una suave fricción con los afanes propios de un niño, sus deslumbramientos silenciosos, su universo de asombros y temores cotidianos. No hay pájaros sombríos aleteando a su alrededor, sólo este rostro que ahora miras, un tanto maravillado, sintiendo cómo tu pecho se llena de una paz que quizá se te antoje breve, pero que al menos te conforta y te prepara para el comienzo de una nueva travesía de la noche.

En el rostro de tu hijo se condensa la cifra de todo lo que está bien en el mundo. El estrépito de las voces agoreras, los delirios que abogan por la extinción de lo humano a fin –dicen– de preservar la salud del planeta no son más que una sarta de manipulaciones soeces, lo comprendes al instante, una convulsión de terrores sin otro propósito que sofocar la alegría y la gratitud con que deberíamos corresponder al despliegue de los prodigios que nos rodean.

Antes de salir de su cuarto te inclinas sobre tu hijo y le acomodas el embozo de la sábana. Al hacerlo, percibes la cadencia tibia de su respiración, esa mínima delicadeza sibilante. No crees que exista un milagro que pueda compararse a eso. También sabes que no podrás retener este momento y que el precio que debes pagar por ello es experimentar, durante un breve lapso, una punzada de tristeza que te estremece. No importa. Es un tributo bien escaso para lo que obtienes en compensación: el sustento de una fe que no decae; la seguridad de que toda la aspereza del mundo no puede nada contra el rostro de tu hijo mientras duerme.

A MODO DE EPÍLOGO

UNA HISTORIA VERDADERA

A veces no está de más pararse a reflexionar acerca del sentido de las cosas que hacemos. No, claro está, sobre aquellas cosas que afrontamos en virtud de su cariz inevitable, sino sobre esas otras a las que consagramos amplios segmentos de nuestro tiempo porque, de manera libre y consciente, hemos resuelto hacerlo así. A medida que la vida pasa, el margen para el arrepentimiento y la rectificación es cada vez más estrecho, cada vez pesa más el temor a que el camino que hemos elegido no nos acabe conduciendo hasta la meta donde, el día en que emprendimos el trayecto, imaginábamos que todas nuestras expectativas se verían colmadas.

En un momento u otro la duda surge. El incómodo huésped se planta ante nosotros y nos asesta la pregunta ineludible: «Para qué». A quien elige la escritura como la ocupación que más intensamente le absorbe al margen de sus obligaciones cotidianas, se le plantean algunas cuestiones específicas. Disfrutar de la familia, dedicar tiempo a los amigos, leer o pasear son actividades de cuya gratificación inmediata uno extrae una fracción esencial de eso que llamamos el sentido de la vida. Pero escribir es distinto. Escribir exige un grado tan alto de introspección y de lucha ensimismada con los límites en los que siempre nos constriñe el lenguaje, que no parece posible que haya alguien capaz de afrontarlo sin haber adoptado la cautela previa de sumergirse en un aislamiento absoluto en relación a lo que le rodea.

Escribir implica, por tanto, una tesitura extraña. Hay un placer inherente al acto de escribir, un disfrute tan cierto y enriquecedor para el que escribe como inaccesible y enigmático incluso para quienes están más cerca del propio escritor; pero existe también la conciencia de que se trata de una actividad incierta y tortuosa, y la sospecha de estar desperdiciando las reservas cada vez más menguadas del tiempo que se nos han concedido provoca que, de tanto en tanto, despunte la tentación del abandono.

Borges tiene una cita donde, con ese afilado laconismo que es quizá el atributo más deslumbrante de su estilo, define qué representa para él la escritura. Dice así: «Mientras escribo me siento justificado; pienso: estoy cumpliendo con mi destino de escritor, más allá de lo que mi escritura pueda valer. Y si me dijeran que todo lo que yo escribo será olvidado, no creo que recibiría esa noticia con alegría, con satisfacción, pero seguiría escribiendo; ¿para quién?, para nadie, para mí mismo». Cuesta imaginar una confesión más sencilla y al mismo tiempo más lúcida y honda de lo que supone el cumplimiento de una vocación. Hacer lo que uno está llamado a hacer, sobreponiéndose a la eventualidad del olvido y el fracaso, a la demoledora expectativa de que el fruto de nuestro esfuerzo nazca condenado a la indiferencia del mundo precisa de una reserva de fuerza interior y de un acopio de fe en haber escogido la senda que a uno le estaba reservada desde el principio, que quizá se trate de una experiencia tan sólo al alcance de unos cuantos espíritus escogidos.

Durante años, he sabido lo que era escribir para mí mismo; escribir en una clausura hermética, en el interior de una especie de ámbito acolchado donde las palabras no tenían otro destino que satisfacer el intenso anhelo de dar cumplimiento al deber que me había impuesto. No tiene nada de particular, por lo demás; es una experiencia común a un sinfín de personas en una situación similar a la mía. Pero la cuestión es otra. La cuestión es que si no hubiese llegado el día en que el fruto de lo que llevaba tantos años haciendo rompió al fin el casi impenetrable muro de aislamiento al que parecía condenado, ¿habría perseverado durante mucho tiempo más en la tarea? ¿Habría seguido poniendo una palabra tras otra, incansablemente, sin disfrutar de al menos una brizna de reconocimiento público, sin sentir satisfecha la muy modesta vanidad de ver cómo algunas de esas palabras adquirían la evidencia material de un libro o se abrían paso por el universo de lo digital al amparo de la cabecera de algún medio que las difundiese? ¿Habría continuado escribiendo si me hubiera visto privado indefinidamente de asistir a la materialización de esos logros tangibles, o sin acometer, por ejemplo, la humilde tarea cívica que consiste en alzar un muro de palabras contra la mentira y el despropósito que campean en este tiempo que nos ha tocado vivir y en recibir por ello a cambio el aliento de un puñado de personas que acogen lo que uno escribe con un gesto de gratitud y generosidad casi fraternas?

No tengo una respuesta taxativa para esas preguntas, la verdad. No sé hasta qué momento me habría sentido capaz de profesar hacia las palabras de Borges una aceptación inquebrantable. Pero déjenme para acabar que, a pesar las dudas, les cuente una historia. Una historia verdadera. Se trata de la historia del comisario Luigi Calabresi. De ella habla ahora su hijo Mario en un libro estremecedor, *Salir de la noche*, cuyas páginas son un homenaje a las víctimas del terrible periodo de violencia que fueron en Italia los conocidos como los *años de plomo*, entre 1969 y 1980.

Lo que ocurrió fue lo siguiente: mientras en el despacho del comisario Calabresi varios funcionarios interrogaban al sospechoso de un atentado terrorista, éste acabó precipitándose por la ventana del edificio y murió a consecuencia de la caída. Aunque la investigación posterior determinó que en el momento del suceso Calabresi se hallaba fuera de su despacho, de inmediato se puso en marcha una feroz campaña de prensa que señalaba al comisario como culpable directo de la muerte del detenido. «Detrás de esa campaña –denuncia Mario– no había un publicista, sino muchas cabezas, entre las más ilustres del periodismo, del teatro, de la cultura y de los movimientos sociales, aunadas por una furia vengativa que los llevó a construir un monstruo, a pesar de las pruebas, del sentido común y de los datos de la realidad».

Hubo entonces un instante, en medio de aquella escalada infame de linchamiento público, en que el comisario Calabresi comprendió que ya se había dictado su sentencia. Y así sucedió. La mañana del 17 de mayo de 1972, mientras se dirige al coche que debe llevarlo al trabajo, Calabresi es tiroteado por la espalda y, ya en el suelo, sus asesinos lo rematan con un disparo en la nuca. Su mujer todavía tiene tiempo de bajar a la calle y abrazar el cuerpo ensangrentado de su marido antes de que llegue la ambulancia. Además de viuda, el comisario deja tres hijos, el menor de los cuales no llegará a conocer a su padre.

Quizá lo más escalofriante de todo el relato es imaginar cómo fue la vida de Calabresi mientras aguardaba el momento de su muerte. Sabemos, por ejemplo, que renunció a una oportunidad de trabajo lejos de su ciudad porque –le respondió a su suegro, que era quien se la había ofrecido– «eso significaría admitir que soy culpable». Y añadió: «Me quedaré hasta el final, mirándolos a todos a los ojos». Y sabemos también una última cosa: grabó una cinta con varios cuentos infantiles para que sus tres hijos, cada noche, antes de irse a la cama, pudieran escuchar la voz de su padre y conservar de ese modo un vestigio casi carnal de aquél que ya no podría acompañarlos en el camino de sus vidas.

La voz de un padre que ya no está, llegando de algún modo hasta sus seres más próximos, como un testimonio póstumo de su devoción y su amor hacia ellos. Si en algún momento de mi vida me tocara volver a la penumbra del anonimato, ya sé lo que le respondería a quien me preguntara que para qué sigo escribiendo. Le contaría la historia de aquella cinta que grabó para sus hijos el comisario Calabresi.

AGRADECIMIENTOS

Este libro ha sido posible gracias a la confianza y la generosidad de las que me han hecho depositario algunas personas. Es de justicia, por tanto, que sus nombres se mencionen aquí. A ellas también va dedicado este libro:

Julio Llorente y Dani de Fernando, los mejores editores que un escritor pueda desear.

Higinio Marín, por el regalo de su amistad y por el magnífico prólogo que sirve de pórtico a este libro.

Y, asimismo, Diego Martínez, Pablo Velasco, Jorge Soley, Elio Gallego, Ricardo Morales y Antonio O'Mullony.

Para todos ellos, compañeros y amigos, mi más profundo agradecimiento.

Este libro, décimo sexto de Ediciones Monóculo,
terminó de imprimirse en Madrid
el 11 de abril de 2024.